苦鬪 四十年

고투 40년

이극로 지음

범상치 않았던 고투 이극로 선생의 자취

우리 민족의 가장 큰 비극, 지금까지도 그 상처를 헤나지 못하는 분단의 비극은 우리 민족사의 반 쪽 부분을 솎아내었다. 그런 와중에 민족사에 빛나는 인물, 아름다운 청년 지식인 몇몇은 다분히 의도적으로 잊히고 말았다. 그들의 기록이 소실되었으며 남긴 흔적조차 찾을 수 없이 저 멀리 사라져버렸다. 그나마 남아 있는 흔적이 있다손 쳐도, 굳게 잠긴 금서 보관실 안에서 빛을 보지 못하고 있다. 이 역시 오늘까지 지속되는 상처가 아닐 수 없다.

범우사의 '해방공간 시리즈'는 바로 그런 흔적을 찾는 빛이고자 한다. 해마다 한 권씩 발굴하다보니 벌써 세 번째가 되었다. 해방공간 시리즈 ③권은 역사의 뒤안길에 묻혀버린 이극로 선생을 조명하고자 한다.

고투 이극로 선생 역시 범상치 않은 분이셨음에도 세간에 알려질 수 없었던 인물에 속한다. 선생은 1927년 34세의 나이에 독일 베를린대학에서 경제학 박사학위를 받았다. 그는 경제학뿐 아니라 언어학, 철학, 인류학을 두루 섭렵하였다.

이와 같은 그의 눈부신 학적 배경의 이면에는, 가정형편상 어깨너머로 배울 수밖에 없었던 서당글로부터 비롯된 열악함의 연속이었다. 소년 이극로의 넘치는 배움의 욕구가 가출을 빚어 진학하게 된 마산 창신학교, 창신학교 졸업 후에 중국 상하이의 독일계 동제대학에서의 수학으로 이어진다.

그러나 그가 그렇게도 열망하는 배움의 길은 험난하고도 험난한 길이었다. 그 길을 가다가 만주 동창학교에서 교편을 잡기도 했고 농장에서 머슴을 살기도 했다.

러시아 페테르부르크 유학의 꿈은 1차세계대전으로 수학의지를 접고 되돌아와야 했고 몽골을 거쳐 독일로 유학가려던 계획도 워낙 위험하고 험난한 여정이었기에 되돌아오는 등등 결코 순탄할 수 없는 맨발 맨손의 환경에다 무전의 경제사정이었고, 시절은 하수선하였다.

우여곡절 끝에 도달한 베를린, 당시로서는 희귀한 한국인 독일 유학생이었음에도 베를린에서 그가 벌인 활동은 대단한 것이었다. 그는 대학 당국과 독일정부의 도움으로 베를린대학에 한국어과를 설치하였고 학생 신분으로서 최초의 한국어 강사를 하였으며, 독일국립인쇄소에서 한글자모 활자로 이광수의 《허생전》을 출판하였다.

박사학위 후, 귀국 전에는 파리대학 음성학부에서 조선어의 소리에 관한 공동연구를 수행하기도 하였다. 이와 같은 경험은 훗날 '조선어학회'의 중추적 인물로서 우리말을 체계화시키는 데 기여할 배경이 되어주었다.

그는 귀국준비에도 만전을 기하였다. 독일과 영국을 중심으로 유럽 곳곳을 시찰하여 선진화를 이끈 산업의 면면을 살피고 견문을 넓혔던 것이다. 유럽을 떠난 후에는 미국의 뉴욕과 캘리포니아 그리고 하와이를 두루 살폈다. 귀국 후에도 조선 각지를 시찰함으로써 선진화에 대한 식견을 고국의 발전에 적용하려는 구상이 머리에 가득하였을 것임은 충분히 미루어 짐작이 간다.

귀국하여 벌인 그의 사회활동에도 고난은 예외 없이 엄습해든다. 조선어학회 사건이 바로 그것이다.

그는 귀국 즉시 조선어 연구사정을 살피고 한힌샘 주시경 선생의 뜻을 잇고자 설립한 조선어연구회(1931년 '조선어학회'로 명칭 변경)에 가입, 실질적인 중추역할을 하였다. 사전편찬 및 한글맞춤법

정립작업에 동참하기 시작하였는데, 정치 · 경제 · 문화의 근간인 민족의 단위는 곧 말의 단위라 여겨 우리말 찾기 작업에 돌입한 것이다.

일제의 말기적 탄압이 흉악무도해지던 1942년 10월, '홍원洪原 사건'으로 불리던 조선어학회 탄압사건이 발발하였다. 태생이 건강체였던 선생이 일곱 번이나 까무라칠 만큼 고문은 혹독하였고, 옥중에서는 후유 병증에 시달려야 했다.

당시 조선어학회의 학자들이 제정한 한글맞춤법, 조선어사정, 외래어표기법 등은 오늘날까지 그 체계에 흐트러짐이 없다. 특히, 국문법에 근거하는 띄어쓰기는 ('관용'으로 인한 작은 변화만 있을 뿐) 거의 변함이 없다. 우리글지기의 한 사람으로서 필자가 늘 다행으로 여기는 부분은 바로 이 점이다.

필자의 저서에도 언급한 부분인데, '당시의 조선어학회 선학들의 우리말과 글을 지키기 위한 사투가 있었기에……'라는 고마움과 '통일을 목전에 둔 현재의 한글맞춤법이 남과 북 사이에 큰 차이가 없는 것은 당시의 조선어학회 학자들이 남과 북으로 갈린 점이기도……'라는 다행함이 남는 것은 선학들의 덕이다. 때문에, 조선어학회 주역의 한 사람인 이극로 박사의 저서 되살리기에 필자의 손이 닿았다는 것은, 개인적으로 큰 영광이 아닐 수 없다.

그가 조선어학회에서 연구에 몰두할 적에는 거의 침식을 잊는다 했다. 당시에도 "메투리 박사" "가난뱅이 이박사"로 불렸던(〈한겨레신문〉 1989. 9. 22일자) 그의 모습이 어렴풋이 잡힐 것도 같다. 그야말로 매사에 고투苦鬪할 수밖에 없었던 그의 인생역정이 안타까움으로 다가온다.

이극로 박사는 좌익도 우익도 아니었다. 해방 이후, 좌·우의 대립이 극심해질 때, 조선어학회 성명을 통해, (좌측의) 민주주의민족전선과 (우측의) 비상국무회의를 둘 다 탈퇴하여 학문연구를 천명하였다. 그러던 그가 북에 몸을 두게 된 것은, 우리로서는 국가적으로도 학문적으로도 큰 손실이었다. 만약, 남도 북도 아닌 '학문구'가 있었다면, 그는 필시 그 곳을 고집했을 것이다.

그는 1920년대의 한국인이 처한 당시로서는 상상하기 어려운 일을 수행한 사람이다. 지구를 구석구석 밟아 한 바퀴를 돌았던 사람이 당시로서는 과연 몇이나 있었겠는가. 더구나 그 길은 고통과 수고를 동반한 고행길이었기에 그의 발자취는 더욱 값지다. 학문을 향한 강렬한 열망을 좇아간 길이었기에 그의 학위는 더욱 빛이 난다. 귀국하여 우리말과 글을 체계화하는 일부터 수행했던 그의 정신은 더더욱 훌륭하다. 그의 업적이 남북한을 통틀어 보다 폭넓게 그의 훌륭함이 더욱 화려하게 꽃피울 수 없게 되었던 분단의 비극이 새삼 아프다.

2008년 4월

백제예술대학 교수 김 정 숙

이 책을 읽는 분에게

고투苦鬪 이극로李克魯 선생은 경남 의령군의 어느 빈한한 농가에서 태어나 어릴 때부터 학문에 뜻을 두어 주경야독晝耕夜讀으로 한문을 독학하였고 특히 한시漢詩에 능하여 수재라 일컬어졌다.

1910년 경술국치를 당하자, 선생은 학문을 닦아 조국을 되찾겠다는 뜻을 품고 홀홀단신으로 만주로 향하였다. 이 때부터 1929년까지 만주, 상해, 베를린, 런던, 미국 각지를 전전하며 고학苦學으로 정치경제학, 언어학, 인류학을 연구하였고 특히 베를린 대학에서는 '중국의 생사生糸공업' 으로 학위를 받았다.

귀국 후에는 조선어연구회에 가입하였고 여기에서 한글연구와 한글관계 전공자의 통합에 힘썼다. 그리하여 조선어연구회를 발전적으로 해소하고 조선어학회를 설립하여 한글맞춤법 통일안, 외래어표기법 통일안을 공표하여 국어학사國語學史에 있어서 커다란 발자취를 남겼다. 결국 일제의 폭압으로 말미암아 조선어학회 사건의 주동자로 투옥되어 4년간의 옥고獄苦를 치른 뒤, 해방을 맞이하여 석방되었다. 해방 직후 조선어학회를 재건하고 여러 정치 활동을 통하여 좌우익 통합을 위해 노력하다가 뜻을 이루지 못하고 평양에서 열린 남북제정당 사회단체 연석회의 참석 후 잔류하게 되었다.

이 책은 선생이 걸어온 파란만장한 생애—구한말의 어린 시절, 해외유학기, 조선어학회 시대, 해방 직후—를 선생의 육필肉筆과 제자들의 글 그리고 조선어학회 사건의 재판기록 등으로 조명하고 있다.

우리는 이 책을 통해서 우선 이극로 선생의 끊임없는 향학열과 불타는 조국애를 느낄 수 있고 일제시대의 해외독립운동의 일부분—이동휘 · 박은식 · 신채호 · 이승만과의 만남, 세계 약소민족대회에의 참가—을 일별一瞥할 수 있으며 현재 전혀 어려움 없이 사용하고 있는 한글을 지키고 발전시키기 위해 선열들이 얼마나 많은 피를 흘렸는가를 알 수 있다. 한편 이상과 같은 교훈적인 내용뿐만 아니라 선생의 글에는 미소를 머금게 하는 재미있는 일화나 일본 경찰의 눈을 속이며 버젓이 활동하는 에피소드와 같이 가슴을 조이며 읽을 수밖에 없는 이야기도 있다. 이런 글을 읽다보면 자기도 모르게 일제에게 나라를 빼앗긴 민족의 설움에 가슴 아프기도 하고 왜병을 통쾌하게 골리는 독립투사의 재치에 박수를 치기도 한다. 이 밖에도 만주에서의 우리 동포의 생활, 시베리아에서의 기차여행, 유럽의 명승고적과 유럽인의 생활풍속을 자세히 알 수 있다.

이 책의 원본은 이극로의 《고투苦鬪 40년》(1947)이다. 이 책은 어떠한 고난이나 근심 없이 자라온 젊은 세대에게 큰 교훈을 주고 일제시대, 해방 전후의 격동기를 살아온 노년세대에게는 지난날의 회고와 향수를 불러일으키리라 생각된다. 그 중에서도 특히 젊은이들에게 나라 없는 민족의 서러움과 애환을 가슴 깊이 되새기게 하고 모국어의 고마움과 이를 지키다 쓰러져 간 선열들의 거룩한 뜻을 알리는 데 이 책이 작은 보탬이 되길 바란다.

머리글

친지들은 여러 차례 나에게 권하였다. 입지立志와 고투苦鬪와 역경을 돌파한 내 생애의 실정은 청소년에게 살아 숨쉬는 교재가 된다고 하여 책을 만들라고 하는 것이었다.

그러나 나는 이를 여러 번 사양하였다. 그러자 어떤 친구가 일찍이 《조광》잡지에 연재하였던 '수륙 20만 리 주유기'와 그 밖에 한두 가지 글을 추려 책으로 만들어보겠다고 하였다. 그래서 그의 정성이 너무 고마워 다소의 수정과 보충을 하게 되고 그에 따라 이 서문을 붙이게 되었다. 나에게 시간의 여유가 좀더 있으면 더욱 보충을 하여 편집자의 정성에 보답하고 싶으나 그럴 형편이 되지 못함을 큰 유감으로 생각하는 바이다. 그러나 이것만으로도 이 땅의 새 일꾼들의 입지와 생활에 조그마한 도움이 된다면 다행이라고 생각된다.

끝으로 이 책을 위하여 수고해준 김병제金柄濟 님과 원고정리 등 여러 가지 일에 수고를 아끼지 않은 안석제安晳濟 님에게 깊이 감사하며, 가시밭길을 걸어온 나의 고투 40년 동안 직접 간접으로 인연이 깊은 분들 가운데에는 이미 세상을 떠난 분이 많이 있으니 조국이 해방된 오늘날 그 분들을 다시 뵈옵지 못함을 슬퍼한다.

1946년 11월 30일 밤

이 극 로 씀

풍운風雲의 반 세기

하루는 《조광朝光》 편집자를 만났더니 '수륙 20만 리 주유기水陸二十萬里 周遊記' 라는 제목을 주면서 희로애락喜怒哀樂을 막론하고 반생半生의 지난 일을 5~6회에 연재할 분량으로 써달라는 권유가 있었다. 나는 이 권고를 받고 이것이 원고부족으로 지면을 채우기 위함인가 혹은 요 사이 잡지에 '나의 반생半生과 폴란드 고투기苦鬪記' 라고 하는 이런 유사한 제목으로 여러 인사의 글을 더러 보이더니 아마 이것도 잡지계의 유행이 아닌가 생각하였다. 편집자인 노산鷺山 이은상 씨는 나의 소학小學 동창이라 나의 과거를 다소 짐작하는 데에서 잡지의 원고거리가 되리라 생각하고 청탁을 한 듯도 하다. 좌우간 생각나는 대로 적어드리기를 허락하였다. 그래서 다음과 같은 순서로 쓰고자 한다.

1. 가정 형편과 조선내에서의 교육과 서간도西間島 여행
2. 만주와 시베리아에서 방랑생활 하던 때와 그 뒤

3. 중국 상해에서 유학하던 때와 그 뒤

4. 독일 베를린에서 유학하던 때와 그 뒤

5. 영국 런던에서 유학하던 때와 그 뒤

6. 귀국 도중 미국 시찰하던 때와 그 뒤

차례

1. 가정형편과 조선내에서의 교육과 서간도 여행

내가 어렸을 때의 국내생활을 돌아본다면 나의 가정형편과 교육을 말하게 된다.

경상남도 의령군 지정면芝正面 두곡리杜谷里는 내가 태어나 자란 마을이다. 이 마을 앞은 바로 낙동강과 남강南江이 합류하는 곳으로 경치가 아름답고 또 명승고적도 많다. 망우당忘憂堂 곽재우郭再祐 장군의 임란전승壬亂戰勝 보덕비각報德碑閣이 있으며 건너편 함안咸安땅에는 간송澗松 조임도趙任道(~1664, 조선 인조때의 문관)의 합강정合江亭이 있으니 내가 어릴 때에 동무들과 같이 뛰놀던 인상 깊은 곳이다.

나는 불행히도 세 살 적에 어머니가 돌아가셔서 맏형수와 서모庶母 밑에서 자라나게 되었다. 나는 8남매의 막내로 형님 다섯 분과 누님 두 분을 위로 모시었고 손 아래로 이복 누이동생 둘이 있었다. 내가 자라날 때에 내 집은 농업으로 겨우 살아가는 가난한 농가로 약 20명의 식구가 한 집에 있으니 사람이 귀하게 보이지 않았다. 이런 형편이라 집안에 선비가 많이 있었지만 나에게 본격적으로 글을 읽히게 할 수 없었다.

그래서 글자 그대로 주경야독晝耕夜讀으로 낮에는 소 먹이고 밭매고 나무하는 모든 일을 내 힘 닿는 대로 다하게 되었다. 우리 마을의 서당은 우리 밭 옆에 있었기 때문에 나는 밭에서 김을 매다가 점심때에 학동學童들이 점심 먹으러 간 틈을 타서는 그 서당에 들어가 글씨가 쓰고 싶어서 남의 지필묵紙筆墨을 내어놓고 체면에 흰 종이에는 쓸 수 없고 쓰고 남은 사잇줄에 까맣게 써놓고 나온다. 그러면 아이들은 벌써 내가 다녀간 것을 안다. 이런 식으로 밤낮으로 틈을 내서 글을 몇 자씩 배우는 형편이었다.

당시 시동詩童으로 이름을 날렸고 지금도 시에 취미는 많다. 그러나 시인이 되려고 특별히 노력해본 적은 없다.

내 나이 8살때 꽃 피고 잎 돋는 따뜻한 봄철이었다. 하룻저녁에는 두남재斗南齋 서당에 갔더니 여러 사람이 시를 짓는다고 운자韻字를 내었는데 지금에 와서 기억되는 것은 '글월 문文' 자이다. 시자를 내어놓고 글을 읊으면서 서로 부르고 쓰고 춘흥春興에 겨우는 것을 본 나는 절로 흥이 나서 앞에 나서면서 "내 글을 쓰시오" 하니, 여러 사람은 철없는 소리를 한다고 도리어 나무라기만 하였다. 그러나 나는 기어이 쓰라고 하니, 마지 못해 그러면 부르라고 허락하기에 "春來千山和氣 一日人人作文(봄이 찾아와 온 산에 화기和氣가 도니, 어느날 사람마다 글을 짓는구나)"라고 읊었다. 좌중의 사람들은 웃으면서 "이 아이가 6언六言의 부賦를 지었구나" 하면서 칭찬을 하였다. 그 후 몇 년 동안 나는 여전히 주경야독으로 공부하였다.

또 이듬해의 봄날에는 우리 집 뒤에 있는 우리 집안의 재실(齋室. 무덤, 사당 옆에 제사 지내려고 지은 집)인 영모재永慕齋에 여러 사람이 모여서 시를 짓는데 기억되는 것은 '방方' 자 운이다. 나는 그 곳의 경치를 읊은 시로 "芳草長岸詩四句 開花幽谷興萬方 (방초장안, 즉 '언덕에 길게 늘어선 꽃다운 풀' 이란 뜻의 네 시구가 있어, 깊은 산골에서 꽃 피어 만방에 흥을 돋는구나)"이라고 부르니 글을 받아쓰던 사람이 붓대를 멈추고 앉아 뜻이 없고 문장이 안되는 글이므로 쓰지 않겠다는 것이다. 그 때 옆에서 보던 글을 제일 잘 하는 어른 한 분이 말하길, "쓰게! 오늘 여러 글 중에 이 글이 제일 잘 되었네" 하였다. 이 글로 말미암아 나는 시재詩才가 있다는 말을 듣게 되었다.

이럭저럭 내 나이 10여 살이 되던 어느 해 봄날, 두남재에서 어른과 아이 수십 명이 모여서 시회詩會를 열고 시를 짓고 있었다. 이 서당 앞의 밭에서 김매던 나는 호미를 놓고 들어가서 운자韻字를 물은 뒤에 조금 있다가 여러 사람의 글을 다 쓰도록 기다린 뒤 내 글도 쓰게 되었다. '거문고 금琴' 자의 운을 달았는데 다른 사람들은 모두 거문고를 품거나(抱琴) 타거나(彈琴) 하는 뜻으로만 달았다. 물론 글에는 거짓말이 많은 것이지만 그 때에 사실 거문고의 그림자도 없었다. 나는 "十里風景生詩句 百年憂樂在書琴(10리 안의 풍경에서 시구가 나오고 백 년의 근심과 기쁨이 책과 거문고에 있노라)"라고 하니 그 때 좌중은 모두 눈이 휘둥그레졌다. 이것은 한갓 운자를 남과 달리 달았다는 것보다도 어린 아이의 글이 아니라 아주 노련한 사람의 글이라고 더욱 놀란 것이다.

나는 뼈가 굵어짐에 따라 농사꾼으로서의 책임이 무거워졌다. 논밭을 갈고 서리며 김을 매고 곡식을 베고 거두며 지게를 지고 산과 들에 가서 나무와 풀을 베지 않을 수 없었고, 밤에는 새끼를 꼬며 짚신을 삼지 않을 수 없게 되었다. 이리하여 나에게는 밤공부도 허락되지 않았다. 그러니 틈이 없어 많은 글을 읽지 못하였지만 구한말 당시 융희隆熙시대(1907~1910)의 〈대한매일신보大韓每日申報〉쯤은 뜯어 읽을 정도가 되었다. 그래서 마을에서 공동으로 보는 이 〈신보〉를 힘써 읽었다. 이 신문이 나에게 세상소식을 전해주었으며 또 강한 충동을 불러일으켰다. 그 결과, 나는 집을 떠나게 된 것이다.

융희 4년(1910)은 한일합병이 되던 해이다. 이 해 음력 정월 보름에 16세의 총각이 봇짐을 메고 맏형이 쓰시던 서울 가는 노정기路程記만 쥐고 가만히 집을 떠나서 돈 한푼 없이 걸어서 서울을 향해 가다가 이틀째에 둘째형에게 붙잡혀 집으로 돌아오게 되었다. 그래서 석 달 동안이나 다시 농사꾼 생활을 하게 되었으니 속으로 불평은 점점 커졌다. 또다시 두 번째의 도망을 꾀하였다. 이 번에는 방향을 달리하여 남쪽으로 60리 되는 마산항으로 가게 되었다. 즉 음력 4월 초 어느 새벽에 단봇짐을 싸지고 가만히 집을 떠나서 당일에 마산항에 닿아 우리 마을 사람의 단골여관인 최원칙崔元則씨 집에 숙소를 정하고, 이튿날 예수교회 경영의 창신昌信 사립학교를 찾아가서 땋았던 머리를 깎고 입학하였다.

10여 일 뒤에 우리 마을 사람이 장보러 왔다가 우연히 나를 보고 놀라면서 말하길 "너를 잃은 네 집에서는 이제 난리가 났다" 하며 아버지와 형들께서 크게 걱정하시고 있는 소식을 전했다. 나를 만나본 이 분이 돌아가서 나의 소식을 우리집에 전한 그 다음날에 맏형은 곧 나를 찾아오셨다. 나는 학교에서 여인숙으로 돌아와서 맏형에게 절을 하니, 나의 깎은 머리를 보시고는 맏형은 기가 막혀서 얼굴이 푸르게 될 뿐이요, 한마디 말씀도 못하시었다. 다음날에야 비로소 말씀하시되, "이 놈아, 네 신세만 망하면 괜찮지만 우리 전의全義 이씨가 서울에서 낙향한 지 4백여 년에 의령宜寧고을에서 3대 성姓의 하나로 행세해왔는데 이제 너 때문에 어디 얼굴을 들고 나서서 사람행세를 할 수 있겠나. 다시는 머리를 깎지 말고 길러서 땋아가지고 집으로 돌아오너라" 하시고는 혼자 집으로 돌아가셨다.

며칠 후 아버지께서 창신학교 마당으로 들어오시면서 계찬啓贊(당시 필자의 이름)을 찾으시었다. 교실에서 운동장으로 나온 나는 깎은 머리를 숙여 절을 하였더니 눈물을 흘리며 대하신다. 그리고 여인숙으로 돌아와 부탁하시는 말씀이 역시 "이후로는 네가 다시 머리를 깎지 말고 길러가지고 고향으로 돌아오너라" 하시고는 그 이튿날 집으로 돌아가셨다.

어느덧 여름방학이 되어 집으로 갈 때에 머리를 빤빤히 깎고 갔더니 나의 태도를 보신 아버지와 형들은 할 수 없다고 생각하셨는지 아무 말씀도 하지 않으셨다. 나는 방학 동안에 전과 같이 논밭의 풀을 매며 지게를 지고 꼴을 베러 다녔다. 그러나 날마다 일정 시간을 정해 내가 글을 읽던 서당 두남재에 가서 학동들에게 산술算術, 이과理科, 국어 등을 아는 대로 가르쳐주었더니 이제는 모든 마을사람들이 말하길, "저만 망하는 것이 아니라 남의 자식까지

버리게 한다"고 야단을 친다. 그러는 사이에 방학기간은 다 지나갔다. 별 수 없이 또 아버지와 형들의 명령을 어기고 마산항의 창신학교로 가고 말았다.

가세家勢가 시원치 않을 뿐더러 본래 깎은 머리를 기를 때까지만 학비를 도와주시겠다고 약속하신 부형父兄이라 다시는 돌아보지 않으시게 되었다. 그러니 이제부터는 별 수 없이 인단갑仁丹匣을 들고 거리로 여관으로 돌아다니면서 고학생苦學生의 행색을 나타내게 되었다.

이럭저럭 창신학교에서 보통과 1년 및 고등과 1년으로 2년간 수업을 받았는데 그 때 보통과의 학과는 전문학교의 성격을 지녔다. 예를 들면, 법학 통론通論, 교제 신례新禮, 맹자, 노자 등의 과목이 있었다. 학생들의 나이는 30세나 되는 사람이 드물지 않았다. 과도기의 교육인만큼 모든 것이 기형적으로 되었다.

나는 여러 가지 형편으로 오랫동안 마산항에 박혀 있지 못하였다. 그것은 무엇보다도 그 시대의 충동을 받은 것이니, 곧 동양 정국政局의 대변동이 생긴 것이다. 즉, 경술국치庚戌國恥와 중국의 신해辛亥혁명이 그것이다.

1912년 4월에는 또 혼자 단봇짐을 싸서 지고 서간도로 가는 길을 정하여 기차로 옛 마산역을 떠났다. 그러나 여비가 마련되어 있는 것도 아니었다. 다만, 사람은 뜻을 세우고 힘쓰면 그것을 이룬다는 일종의 미신 같은 자신감을 가진 것뿐이었다. 그래서 먼저 대구까지 가서 이일우李一雨 씨를 찾아 차비를 받아가지고 김천까지 갔다. 다시 추풍령 밑의 김천에 사는 일가친척인 이직로李直魯 씨를 찾아 그 분에게서 경성까지 가는 차비를 얻어 추풍령역에서 경성역까지 기차를 타고 갔다.

서울에 와서는 남대문 근처의 조그마한 여관에 숙소를 정하고 그 때 보성전문학교 야간 상과商科에 다니던 신성모申性模 씨를 만나서 나의 만주행을 말하였으나 그도 내 여비를 보조할 힘이 없었다. 별 수 없이 도보로 무전여행으로라도 서울을 떠나 북쪽으로 가려던 차였다. 그 때 마침 같은 여관에 든 사람으로 경남 언양에 산다는 신辛씨 한 분이 서간도 시찰을 떠나는데 혼자여서 어렵다고 하면서 자신이 여비를 빌려줄 터이니 같이 가자기에 어찌나 반갑던지, 곧 그리 하자고 대답한 뒤에 그 날 바로 그와 함께 경성역을 떠나서 안동현安東縣으로 향하였다.

안동현에 와서 서간도로 들어가는 노정路程을 알아보게 되었는데 이 때에 강원도에서 오는 이주민 몇 집이 서간도로 간다기에 동행하게 되었다. 그들은 중국인의 나무배 두 척에 수십 명이 타고 가게 되었으나 그 중에 중국말을 한 마디라도 아는 사람이 없었으니 인정과 풍속이 다른 중국인이 사는 세상으로 가는 우리에게 적지 않은 곤란이 뒤따를 것이었다. 그러나 모두 가난한 사람들이 동행이 되었으므로 통역이나 안내자를 데리고 갈 형편도 못 되었다. 그러므로 나는 성신태誠信泰라는 여관에 계신 서세충徐世忠씨에게서 ≪관화첩경官話捷徑≫이란 중국어 책을 사가지고 배에 올랐다. 이제는 나무배 두 척이 안동현 부두를 떠나서 위화도威化島를 바라보고 압록강을 거슬러 올라간다.

아흐레 만에 혼강渾江 하구에 내려 육로로 걸어서 사흘 만에 회인현懷仁懸(지금의 환인현桓仁懸) 성 안에 도착하여 조선인의 여관에 숙소를 정하니, 때는 3월 20일 경이었다.

나에게는 그 때 압록강 뱃길에서 얻은 느낌이 중대하다는 것을 이제 다시 인식하게 되는 것이 있다. 그것은 당시의 느낌이 내가 조선어 연구에 관심을 두게 된 첫 출발점이요, 또 조선어 정리와 더불어 한글맞춤법 통일안과 외래어표기법 통일안 그리고 표준어 사정査定 및 조선어대사전大辭典 편찬 등의 일에 온 힘을 바치게 된 동기이다.

이 항행航行중에 하루는 일행이 평북 창성昌城땅인 압록강 부근 한 농가에 들어가서 아침밥을 사서 먹는데, 조선사람의 밥상에 떠날 수 없는 고추장이 밥상에 없었다. 일행 중 한 사람이 고추장을 청하였으나 고추장이란 말을 몰라서 그것을 가져오지 못한다. 그래서 우리는 여러 가지 방법으로 설명하였더니, 결국 "옳소, 댕가지장 말씀이오" 하더니 고추장을 가지고 나온다. 사투리로 말미암아 일상생활에 많이 쓰이는 고추라는 말을 서로 소통하지 못하니 이 얼마나 답답한 일인가. 25년 뒤에 와서야 표준어사정을 문제 삼아 해결하게 되었으니 우리는 일반적으로 국민에 대한 관심이 부족하다는 것을 느끼지 않을 수 없다.

2. 만주와 시베리아에서 방랑생활 하던 때와 그 뒤

만주 회인현 성내城內에서 내가 묵어 있던 여관은 백농白農 이원식李元植 씨가 경영하던 동창점東昌店이다. 나는 이원식 씨를 보고 나의 뜻과 맨손으로 온 딱한 사정을 말하니 걱정스러운 표정을 지으며 권하는 말씀으로 하시길, "그러면 좋은 수가 있다. 여기에서 30리쯤 되는 깊은 산골에 가면 무슨 나무가 많은데 그 껍질로 조선인들이 신을 많이 삼아 신으니 그것을 열흘 동안만 벗기어 팔면 네가 가려는 통화현通化懸 합니하哈泥河 신흥新興학교까지의 여비는 되리라" 하며 그 산골에 조선농가가 있으니 거기에서 밥을 부쳐놓고 머무르면서 일하라고 하고는 그 동안에 먹을 양식으로 좁쌀 한 말을 줄 터이니 가지고 가라고 한다. 그 말씀을 들은 나는 고맙고 그렇게 하겠다고 하니 이원식 씨는 곧 아이를 불러 자루에 좁쌀

한 말을 넣어서 나의 등에 지어주었다. 나는 그것을 둘러멘 다음 고맙다는 인사를 또 한 번 한 뒤에 목적지를 향해 출발했다.

20리나 되는 파저강婆猪江 나룻가에 다달아 나룻배를 타고 떠나려 할 찰나에 멀리서 부르는 소리가 있었다. 그는 곧 이원식 씨가 보낸 동창점의 심부름꾼이다. 나는 그 소리를 듣고 배에서 내려 그를 기다렸다. 그는 나에게 이원식 씨의 부탁이라 하며 곧 여관으로 다시 돌아오라고 전한다. 그래서 그 여관으로 돌아가니 이원식 씨는 나에게 말하길 "여기에 내가 교장으로 있는 동창東昌학교가 있는데 거기에 중국어 강습이 있으니 중국어도 공부하고 또 역사가이며 한학자漢學者인 박은식朴殷植 선생이 계시어 좋은 역사책을 많이 저술하시니 그것을 등사하는 일을 좀 도와주고 또 교편도 잡는 것이 어떻겠느냐"고 하기에 나는 너무도 고마워서 "내가 할 수 있는 일이라면 무엇이라도 사양하지 않겠다"고 대답하였다. 그랬더니 곧 나를 데리고 동창학교에 가서 여러 선생님께 인사를 시킨다.

이 때 처음으로 나는 한문학자나 조선 역사가로 이름이 높은 박은식 선생과 대종교大倧敎 시교사施教師요—이제는 대종교 제3대 도사교都司教—, 동창학교 교장인 윤세복尹世復 선생을 알게 되었다. 나는 이 날부터 여기에서 중국어를 공부하며 교편을 잡고 또 등사

일을 하게 되었다. 또 당시 잊지 못할 일은 내가 한글연구의 기회를 얻은 것이다. 함께 일하던 교원 중에는 백주白舟 김진金振이란 분이 있었는데 이 분은 주시경周時經 선생 밑에서 한글을 공부하고 조선어 연구의 좋은 참고서를 많이 가지고 온 분이었다.

학기를 마치고 여름방학이 되자 윤세복 씨의 맏형인 윤세용尹世茸 씨를 모시고 상해로 가게 되었다. 당시(1912년) 중국에 제2차 혁명이 남경南京에서 일어나서 원세개袁世凱를 토벌하는 중이었다. 이 때에 만일 혁명군이 이긴다면 조선학생에게는 여러 가지로 편의가 있을 것이라는 소식을 들은 까닭에 나도 상해로 갔다. 그러나 불행하게도 싸움이 시작되자 혁명군은 여지없이 패하고 말았다. 일이 이렇게 되니 큰 희망을 가지고 갔던 나는 거기에 오랫동안 머무를 필요가 없으므로 약 한 달 동안 있다가 상해를 떠나 북경을 거쳐 서간도로 돌아왔다.

동창학교에서 가을학기부터 또 다시 교편을 잡게 되어 칠판 앞에서 세월을 보내다가 그 다음해(1913년) 여름방학에 학생 몇 명을 데리고 도보로 회인현에서 동으로 2백여 리나 되는 집안현輯安懸에 갔다. 거기에서 고구려 광개토대왕廣開土大王의 능을 참배하고 그 굉장한 석축石築을 구경하며 뜻 깊은 비문碑文을 읽은 뒤에 당시 고구려의 무공武功과 문덕文德을 칭송하면서 학교로 돌아왔다. 여기에서 그냥 교편을 잡고 지내다가 이 생활을 오래 할 수 없다는 것을 알게 된 나는 만주를 떠날 결심을 하였다.

그래서 1913년 음력 섣달에 정들었던 회인현의 아름다운 산수와 오랫동안 침식을 같이하던 사우師友들과 눈물 흘리며 작별하고, 또다시 단봇짐을 싸가지고 유하현柳河縣으로 향하게 되었다. 그 때 마침 좋은 동행을 만났는데 그는 전에 〈조선일보〉 주필로 있던 고故 서춘徐椿 씨였다. 이 분과 함께 국제호텔에 들게 되었다. 나는 여기에서 3개월 동안 머무르면서 건설중에 있는 새 국도國都의 이모저모를 구경하였다.

서춘 씨와 수백 리를 동행하다가 통화현 성 안에서 갈리어 나는 합니하로 가게 되었다.

이 곳은 깊숙한 산중인데 한일합병 전후로 다수의 애국자가 들어와서 조국의 광복을 꾀하며 중등교육과 군사교육을 겸하여 설립한 신흥新興학교가 있다.

이 마을에서 만난 분 가운데 기억되는 분은 이시영李始榮 씨와 윤기섭尹琦燮 씨이다.

이 합니하를 떠나 유하현으로 가서 강일수姜一秀 씨를 만났다. 강씨는 〈신흥교우보校友報〉 주간으로 당시 서간도에서 문사文士로 이름이 있는, 나보다도 어린 청년이다.

나는 일찍이 강씨와 약속한 바가 있으니, 그것은 곧 둘이 함께 무전無錢 도보로 소련의 수도 레닌그라드로 간다는 것이다. 레닌그라드를 목적지로 정한 이유는 러시아는 육군과 톨스토이의 문학이 유명하니 강씨는 문학을 공부하고 나는 군사학을 공부하려고 했기 때문이다. 이런 장대한 포부를 품었으니 세상에 두렵고 어려운 것을 생각할 리가 없다.

때는 1914년 제1차 세계대전이 나던 해 음력으로 정월 초사흘이다. 유하현의 한 마을에 있는 강일수 씨의 처가妻家에서 단봇짐을 싸 진 두 사람이 손을 잡고 레닌그라드를 향해 떠났다. 그런데 떠날 때에 우리 주머니에는 겨우 소양小洋(중국 화폐로 작게 만든 은화의 이름) 몇 원이 있을 뿐이었다.

이것으로 옥수수떡과 좁쌀죽을 먹으면서 닷새 동안에 장춘長春까지 가고 거기에서 기차로 하얼빈까지 가고 보니 남은 것은 수십 전錢에 지나지 않았다. 이런 무전자無錢者라도 도중에서 여러 번 강도단을 만나게 되어서 퍽 곤란하였다.

어느 날 오전에 장춘으로 나가는 도중에 험하고 높은 고개를 만났는데, 그 고개 밑에는 중국인 객점客店이 하나 있었다. 그 집에서 우리는 얼었던 몸을 녹인 후, 그 고개를 넘고자 했다. 객점 밖으로 나서니 중국인 하나가 수십 보 앞서 가면서 자꾸 뒤를 돌아보며 우리의 행동을 살핀다. 우리는 그 해에 만주에 흉년이 들어서 식칼과 화승총을 든 강도단이 그 지방에 출몰한다는 소식을 들었는지라, 그 행동이 도적의 정탐꾼인 것을 짐작하였다. 그래서 우리는 잠시 서서 대책을 의논하였다. 돌아서 다른 길로 가자니 길이 멀 뿐 아니라 우리의 약점을 보이는 것이라 그 도적놈들은 곧 우리를 추격할 것이다.

그래서 우리는 배수背水의 진陳을 치고 앞으로 나아가기를 결정하고, 앞서 가는 그 정탐꾼에게 보이기를 권총에 탄환을 재는 것과 같이 하고 그 권총을 손에 들고 오른쪽 품에 넣은 모양을 하고는 눈을 똑바로 뜨고 쏜살같이 고개를 향해 올라갔다. 그 때 우리의 기상은 일당백一當百이라 할 만한 것으로 보였을 것이다. 멀리 우리를 바라보던 강도떼 수십 명은 흩어져 숲 속으로 달아난다. 이것은 "이 사람들은 손댈 수 없으니 빨리 피하라" 하는 정탐꾼의 신호가 있는 까닭이다. 그것을 본 우리는 더욱 용기를 내어 올라갔다. 산고개에 도착하니 수십 명의 행인이 짐을 부려놓고 있었다. 그 살벌한 광경을 본 우리는 "여러분, 얼른 짐을 싸가지고 이 자리를 떠나십시오" 하고 잠시 서서 기다린 뒤에 우리도 그 자리를 떠나서 앞길로 나아갔다.

그 곳에서 한 십 리쯤 가니 깊은 산골이 닥친다. 여기에서 또 다시 다른 강도단을 만나게 되었다. 그러나 우리는 앞서와 같은 수법으로 무사히 위험을 돌파하고 안전지역으로 나왔다.

그 날 저녁, 중국 여관에서 우리가 두 번이나 강도단을 만나서 물리친 이야기를 하였더니 주인과 여러 손님들은 우리의 용감한 행동에 감탄하였다.

이튿날 우리는 장춘에 닿아 그 곳에서 가장 더러운 중국 거리 가운데 아편쟁이들이 모여서 자는 한 숙박집에 동화銅貨 3전을 내고 들어가 짐을 내려놓고 쉬게 되었다. 그리고 하얼빈에서 세력이 있고 러시아어를 잘한다는 김성백金成白 씨를 찾아서 우리의 딱한 사정을 말하고 동정을 얻고자 하였으나 그를 만나지 못하였고 우연히 다른 조선동포 한 분을 만나서 북만주 철도 연변의 지리와 조선인의 생활상태에 대한 얘기를 듣고 앞으로의 여정에 좋은 참고를 얻었다. 우리는 매일 호떡 한 개로 지내면서 며칠 동안 여러 방도를 생각하였으나 별 도리가 없었다.

결국 이제는 호떡 한 개도 먹을 수 없게 되었다. 이틀을 굶은 뒤에는 새로운 결심을 하였다. 사흘째 되던 아침에 우리는 스스로 소리를 질러 명령하였다. 마치 적의 요새를 파괴하려는 사령관이 결사대 앞에서 "우리는 나아갈 뿐이다. 앞으로 가!" 하는 식이다. 다리에 각반脚絆을 감았다.

하얼빈 거리를 떠나서 1리쯤 나가니 넓은 송화강松花江 위에 두터운 얼음길이 나온다. 며칠 굶은 사람은 누구나 다리에 힘을 줄 수 없다. 그런데 강일수 군은 좀 약한 몸이라 그를 붙들고 갈 수밖에 없는 지경이다. 이리저리 쓰러지면서 그 얼음판을 지나서는 길을 누구에게 물을 것도 없이 그냥 계속 평원과 광야로 철도만 따라서 서쪽으로 향해 간다.

석양 무렵이 되자 북쪽 편으로 바라보이는 7, 8호 정도의 작은 농촌 하나가 나타난다.

우리는 굶주리고 얼어서 힘 없는 몸으로 저기 가서나 좀 도움을 받을까 생각하고 발걸음을 그리로 돌렸다. 이 마을에 도착하여 제일 큰 집을 찾아가서 대문 앞에서 "이리 오너라" 소리를 질렀다. 그러자 어른 아이 할 것 없이 너댓 명이 나온다. 이 때 우리는 우리의 사정을 말하고 하룻밤 자고 가기를 청하였다. 그러나 집주인이 대답하기를 "우리 집에는 방이 없으니 밥은 여기에서 먹고 잠은 이웃집에 가서 자라" 하더니 아이들이 얼어붙은 좁쌀떡 한 그릇을 내어왔다. 그래서 언 손으로 대문 앞 거름더미 옆에 앉아서 맛있게 다 먹고 나니 그제야 어질어질하던 정신이 새로워진다. 또 주인은 좁쌀 한 되를 갖고 나와서 하는 말이 "이것이 숙박료이니 이웃노인의 집에 가서 내면 재워줄 것이다" 하며 아이를 시켜 우리를 인도하게 한다.

"참 고맙습니다" 하고 우리는 그 좁쌀을 받아서 옷 앞자락에 싸가지고 그 아이를 따라 잘 집으로 가니 거기는 조그마한 초가인데 늙은 남자 한 사람만 살고 있었다. 우리는 그 좁쌀을 주고 거기에서 하룻밤을 편히 쉬고, 그 다음날 아침에 나와서 또 철도를 따라 서쪽으로 향했다. 한 30리쯤 가니 첨초강甛草崗이란 정거장이 나오는데 여기에는 작은 시가市街가 있다.

우리는 여기에서 어떠한 방도를 찾아야겠다고 작정하고 중국 경찰서로 들어가서, 구차한 소리는 하지 않은 채 서장면회만을 청하였다. 거기에 있는 사람들은 무슨 영문인지 모른 채 우리의 꼴을 보아서는 함부로 할 수 없다고 생각하였던지 그냥 거절하지 않고, 서장이 없으니 기다리라 하였다. 그러더니, 조금 있다가 서장면회를 허락한다. 우리는 서장을 만나서 우리의 사정을 그대로 말하였다.

서장은 "그러면 내가 상무회장常務會長에게 소개할 터이니 가서 상의해보라"고 말하면서 매우 친절한 소개장을 써서 경관 한 사람을 시켜 우리를 인도하게 한다.

이제 우리는 그 상무회에서 회장인 장해빈張海濱 씨를 만났다. 장씨는 일찍이 인천에 여러 해 동안 머무른 일이 있어 조선사정에

능통한 사람이었다. 우리는, 소년때에 망국亡國의 눈물을 흘리면서 고국을 떠나 만주로 와서 여러 해를 지내다가 학업에 뜻을 두고 러시아로 가는 길인데, 고향을 떠나던 때부터 무전여행이 되었기 때문에 우리에게는 오직 향학열向學熱이 있을 뿐이요, 맨손으로 기아선상에 외롭게 선 청년이라 하였더니, 우리의 가련한 사정을 들은 장씨는 붓을 들어 '亡國苦痛 何其甚耶(망국의 고통이 그 얼마나 심한가)' 라고 쓴 뒤에 눈물을 흘린다.

이 동정의 눈물을 본 우리는 절로 슬픈 생각이 들어서 그만 소리 내어 울게 되었다. 이 광경을 본 옆에 있던 사무원들까지 눈물을 흘렸다. 그래서 그 사무실은 일시에 비애悲哀의 눈물이 서렸다. 장씨는 먼저 눈물을 그치고 우리를 위로한 뒤에 거기에서 저녁밥을 먹이고 사무원으로 하여금 우리를 안내하게 하여 정거장으로 나가서 차표 두 장을 사가지고 우리를 북만北滿 철도의 부극도傅克圖역까지 보내주었다.

이 곳은 흥안령興安嶺(아무르강 북방, 소련령 안의 스타노보이 산맥의 중국명) 밑에 있는 조그마한 시가市街이다. 여기에 조선동포가 몇 집 사는데, 우리가 찾아간 집은 세탁업을 하는 집이다. 거기에서 며칠 동안 쉬고 그 집주인의 동정으로 기차를 타고 흥안령을 빙빙 돌아 고원지대에 올라서서 여러 시간 지난 후 내린 곳은 하이라얼(海拉

爾)이라는 도시이다. 하이라얼에도 우리 동포가 많이 살고 있어서 소개받은 집으로 찾아가서 며칠 머무르다가 또 여기에서 동정을 얻어 만주리滿洲里(중국 내몽골 자치구의 북부에 있는 국경도시)까지 가게 되었다. 그래서 북만철도의 종점인 중국과 러시아의 국경에 위치하는 도시에 다다랐다.

당시에 북만철도의 상태를 말하면, 노동자용으로 유리창도 없는 화물차를 그냥 이용하였는데 겨울철에도 그 추운 북만지방이건만 난로도 없고 또 변소시설도 없었다. 그래서 맨널바닥에 그냥 앉게 되며 대소변은 정차하는 정거장에 내려서 철로변에 나란히 줄을 지어 본다. 그런데 북만주는 인구가 드문 지방이라 정거장의 간격도 퍽 멀다. 그래서 만일 화물차를 탄 사람이 중간에서 대소변을 해결하려면 큰 낭패이다.

그 때 나는 하이라얼에서 만주리까지 가는 사이에 대소변이 마려웠다. 그러나 별 도리 없이 그냥 참고 참아서 만주리역까지 다다랐다. 웬걸 가만히 앉아 있을 때는 견뎠지만 움직여서 기차를 내릴 때에는 그냥 대소변이 쏟아져나온다. 겨울내복 바지 가랑이 속에 대소변이 떨어지자 워낙 추운 곳이라 그냥 얼어서 얼음 덩어리가 되고 말았다. 별수 없이 그냥 중국인 여관에 가서 변소에 들어가 내복을 벗고 대소변의 얼음 덩어리를 떼어내고 나와 비로소 방에 들어 얼었던 몸을 녹이게 되었다.

여기에서 며칠 동안 머무르면서 러시아 영토에 들어가는 여권을 주선하여 만주리 역을 떠나서 치타시市에 닿은 때는 1914년 2월 말이었다.

여기까지는 여러 사람의 동정으로 왔지만 앞으로는 남의 동정을 구할 생각이 없었다. 그래서 나는 여기에서 돈을 번 뒤에 목적지로 향하려고 작정하였다. 처음에는 두 사람이 궐련 담배말이를 시작하였으나 그것으로 성공하지 못하여, 강일수 군은 조선가정에서 가정교사로 수 개월 지내다가 만주로 다시 돌아가고 나는 어릴 때부터 배워온 농사일에 자신이 있어서 남의 집 머슴살이 자리를 구했더니 마침 당시 시베리아에서 감자왕으로 유명한 문윤함文允咸 씨의 농막農幕으로 소개되어 그 해 여름에 감자농사를 짓게 되었다.

물론 나도 농부의 일을 감당할 자신이 있었고 또 소개가 좋았기 때문에 다른 숙련농부인 장정의 임금과 같이 받게 되어 그 임금은 7개월에 150루블을 받기로 계약하였다.

그래서 나는 여비를 장만하여 그 해 가을에는 레닌그라드로 가 독일인이 경영하는 루터 교회의 병원에서 노동을 하며 공부하기로 작정하였다. 이것은 당시 레닌그라드에 계시는 최광崔廣 씨의 소개로 가능성이 있었던 까닭이다. 그런데 이러한 약속이 다 틀어지게 되었는데, 이는 이 해 여름에 청천벽력 같은 세계대전이 터지자 러시아에 있는 독일인은 모두 감금을 당하고 또 그들이 경영하는 사업이 다 정지되었기 때문이다. 그리고 전시戰時에는 일반적으로 외국인의 행동이 자유롭지 못했으므로 공부를 할 수 없기에 러시아에 더 있을 생각이 없었다. 그래서 치타에서 농사를 마치고는 그 해 가을에 바로 만주의 회인현으로 다시 돌아왔다.

내가 치타에 있을 때를 회상하면 기억이 나는 일 몇 가지가 있다. 당시 그 곳에는 많지 않은 수이나 조선인 사회를 이루고 있었다. 그것을 지도하는 기관으로 정교보사正教報社가 있는데, 그 중심 인물은 이강李剛 씨였다.

한 달쯤 지낸 뒤에 나는 치타에서 약 10리 정도 떨어진 안지풍이라는 곳에 있는 문씨의 감자농장으로 옮겨 일곱 명씩 한 조로 일을 하게 되었다. 이 곳은 러시아 시베리아군의 주둔지로, 우리 농장 옆은 곧 연병장練兵場과 사격장이었다. 제1차 세계대전이 나던 해인지라 신병新兵이 맹훈련하는 소리, 대포소리, 소총소리, 군악軍樂 소리에 귀가 아파 못 견딜 지경이었다. 극동 주둔군의 출병으로 밤낮으로 수송하는 군용열차의 소리에 편히 잠잘 수도 없었다.

우리는 밭을 매고 나서 한가할 때에는 병영의 토목공사에 일공

日工으로 돈을 벌기도 하였고 또는 농장 옆 들판의 풀을 베어 말꼴〔馬草〕로 팔아서 돈을 벌기도 하였다. 시베리아 들판의 모기는 유명하여 한 번 물리면 콩알같이 부풀어오른다. 우리가 짓던 농작물은 주로 감자이고 그 밖에는 양배추와 오이이다.

세월은 빠른지라 어느덧 8월에 접어들자 단풍을 재촉하는 가을바람이 불어온다. 우리는 부리나케 감자를 캐어 감자굴에 넣고 농장을 떠나게 되었다. 농장주 문윤함 씨를 찾아 임금 150루블을 받아가지고 인연 깊은 서간도 회인현으로 돌아왔다.

나는 회인현에서 처음으로 단재丹齋 신채호申采浩 선생을 만나게 되었고, 또 그 밖에 단애檀崖 윤세복尹世復 선생을 비롯하여 여러 옛 사우師友를 만나서 반갑게 회포를 풀었다. 때마침 동창학교에서 열린 개천절(음력 10월 3일) 행사를 지내고는 앞날의 행동을 개시하게 되었다.

당시는 1차대전중이라 이 전쟁 뒤에는 세계적으로 정치상 큰 변동이 일어나리라 생각하고 조선의 지사志士들은 여러 방면으로 조선의 독립을 위하여 활동을 개시하였는데, 나는 백농白農 이원식李元植 선생과 함께 군자금과 군수품 관계의 일로 봉천성奉千省 안동현安東縣을 들러서 회인현으로 돌아오게 되었다.

여기에서 윤세복 씨와 의병장 이진용李鎭龍 씨 그리고 의병장 김동평金東平 씨와 함께 무송현撫松懸으로 가게 되었다. 이 곳은 봉천성에 속한 백두산 기슭에 있는 신개척지로 현懸을 설치한 지 오래되지 않은 지역이다. 그래서 숨어서 양병養兵하기 좋은 곳이라 우리가 거기로 가는 목적도 여기에 있었다.

내가 무송현에서 일 년 동안 지낸 생활은 평생 잊지 못할 고된 훈련을 받은, 의미심장했던 생활이었다. 때로는 백산白山학교에서 교편을 잡기도 하였고 때로는 백두산에서 사냥도 하였다.

이 백산학교는 우리 동포가 경영하는 초등과와 고등과가 있는 소학교인데 교장인 전성규全星奎 씨는 이 곳에서 명망이 높은 분이다. 그는 독립군에 관계하여 3 · 1운동때 간도에서 왜적에게 산 속에서 피살되어 시체도 찾지 못했다.

백산학교 교원 기숙사는 곧 조선 독립군의 중추가 되어, 이 곳에 집중적으로 출입하던 인물은 윤세복 씨를 중심하여 이진용, 김동평, 김호익金虎翼, 성호成虎, 차도순車道淳, 이장영李章榮 등 의병 명장들이었다. 이 곳은 이렇게 군사행동이 있는 곳이라 왜적의 밀정이 끊임없이 출입하고 또는 여러 가지 직업인으로 도처에 배치되어 있어 우리 독립군의 행동을 어렵게 만든다. 출입하는 밀정은 다양한 행색을 하고 나타나는데, 중이나 유기鍮器장사 혹은 포목이나 필묵筆墨행상으로 변장하고 다닌다. 독립군도 적과 다름없이 모든 배치를 하고 있어 밀정들은 귀신도 모르게 죽게 된다.

우리 독립군은 끊임없이 압록강 부근과 두만강 지역은 물론 때로는 조선 내지內池까지 들어가서 왜적과 싸워 많은 희생자를 내었다. 그리고 강적으로 인정받은 이진용 씨와 그의 부하인 황봉신黃鳳信, 황봉운黃鳳蕓은 서간도에서 적군에게 잡혀 3·1운동 직전에 평양 감옥으로 송치되어 사형을 언도받았고 김동평 씨는 3·1운동 때 조선내에서 잡혀 사형되었다.

1915년 여름, 내가 있던 곳은 백두산 기슭으로 송화강 상류인 원시삼림 속에 조금 개척되어 20여 호가 사는 중무리라는 조선인 마을이다. 이 마을은 우리 동지들이 주둔하는 곳이다. 여기에서 150리쯤 되는 백두산 산마루에서 약 30리쯤 내려온, 폭포수가 떨어지는 곳에 움집을 짓고 여름 동안 사냥하였다.

이런 좋은 기회를 얻었으므로 나는 백두산 천지를 구경하였다. 그 때 동행한 사람은 윤세복 선생의 장남인 필한弼漢 씨와 다른 3명의 포수, 곧 의병이었다. 음력 5월 28일이었다. 새벽의 기후는 매우 맑고 밝았다. 그래서 우리는 점심밥을 싸들고 무장하고 산꼭대기로 올라갔다.

이 곳에는 전혀 길이 없기 때문에 포수의 짐작으로 방향을 잡아갔다. 백두산의 날씨는 변화무쌍하여 갑자기 도중에 비구름에 휩

싸여 지척을 가릴 수 없어 올라갈 방향을 잃곤 하여 큰 곤란을 당하였다. 산꼭대기까지는 약 30리나 되는데 그 중에 20여 리는 초원이요, 정상까지의 약 5리는 속돌(浮石)밭과 바위가 층층이 쌓여 있다. 그리고 군데군데 눈이 쌓였으며 또 산 속의 개울에는 얼음이 두텁게 얼어 있다. 꼭대기에서 천지의 연변沿邊까지 또 몇 리를 내려가야 한다. 천지의 수면에는 두터운 얼음이 많이 떠 있다 한다.

우리 일행은 산정山頂의 골짜기에 다다랐는데 거기 냇가에 곰이 얼음 구덩이를 막 파고 간 흔적이 있는 것을 발견하였다. 포수들은 사방을 살펴보더니 "옳다. 저 놈이 저 산비탈에 누워 있구나" 하더니 두 포수가 동시에 총을 서너 방 쏘았다. 그래서 총알을 바로 맞은 곰은 소리를 지르면서 굴러내려와 냇바닥 얼음 위에 엎어진다. 우리 일행은 쓰러진 죽은 곰 옆에 모여 섰다. 포수 중에 노인 한 분이 먼저 "백두산 신령님, 참 감사합니다. 저희들에게 오늘 이런 큰 짐승이 잡히게 되었으니, 참 고맙습니다" 하고 정성껏 빈 뒤에 사냥칼을 허리에서 빼어 그 곰의 가죽을 벗기고 가른다. 곰에게는 가장 귀한 물건이 웅담熊膽이므로 그것을 먼저 베어서 잘 보관한다. 젊은 포수 한 사람만 곰의 고기를 지고 움막으로 돌아가고 윤필한 씨와 늙은 포수 한 사람과 함께 꼭대기까지 올라가는데 눈이 녹아 빙판이 된 곳을 만나면 엎드려서 겨우 기어나가게 되었다. 모험을 하여 산꼭대기에 올라서니, 하늘색의 망망한 천지가 바다처럼 눈 앞에 나타난다. 우리 일행은 잠시 고개를 숙이고 기도를 드린 뒤에 이 거룩한 산수의 정기를 타고 난 금金의 태조, 태조 이성계, 청淸의 태조 등 건국영웅이 그 얼마인가라는 감회가 어리었다. 그래서 나는 청춘의 뜨거운 피로 두려움 없이 아래와 같은 한시漢詩를 읊었다.

당당히 쌓인 웅장한 마음 백두산과 같은데, 온전히 10년 동안 칼을 갈았네.

가을하늘은 점점 단풍절기에 멀어지는데, 용마龍馬에 채찍 더해 한번 관문關門을 나섰네.

계복戒服은 오락가락 천하가 두렵고, 칼빛은 번쩍거려 온 세상이 잔약하네.

먼저 오랑캐를 멸하여 평정한 후에, 세계를 쓸어 맑게 하고 개선의 노래 부르면서 돌아오리.

鬱積雄心如白山 全然磨劍十年間
秋天漸迥丹楓節 龍馬加鞭便日出關
戒服翩翩天下慄 劍光閃閃萬邦孱
先滅蠻夷平定後 掃淸世界凱歌還

그리고 또 백두산 전경全景을 묘사하여 직감한 바를 아래와 같은 시로 읊었다.

백두산 백두산 백두산이라
하늘 위냐 하늘 아래냐
하늘에 오르는 사닥다리로구나
진세塵世의 더러운 기운
발밑인들 어찌 미치리
그는 세상을 내려 살피고
세상은 그를 우러러 본다
세상은 만민이요
그는 제왕이로구나

그는 불어 뿜어 살았건만
더러운 이 세상은 또 거름밭 되었네
이것 한 번 씻고자
머리에 큰 물동이 이었구나
바닷가의 메이냐 메 위의 바다냐
이는 곧 천지로구나

예로부터 이 물 맞아
득천得天한 미리(龍) 얼마뇨

병풍을 두른 듯
둘러선 수십 첨봉尖峰은
산마루 곧 뭇둑인걸
총끝에 창을 꽂아
백병전을 준비한 듯
위풍이 도는 그 모양

천동天動소리냐 지동地動소리냐?
사방에 떨어지는 폭포소린걸
하늘의 경세종警世鍾이라
정신없이 잠자는 무리를 깨우는구나

층층 첩첩이 쌓인
백옥白玉 같은 눈, 유리 같은 얼음
어느 땐들 녹으랴
북극땅과 짝 지을 듯

이는 백두산의 기후
그 늠렬凜烈한 기운은
나약한 자를 단련하는구나

모였다가 흩어지고
흩어졌다가 모이는 구름안개
전선에 출동하는 대군같이 변동무상無常
이는 백두산의 천기天氣
그 무궁한 조화수단에
어느덧 비가 되어 줄줄 좍좍
마르고 타죽던 무엇에나
생명수生命水가 되는구나

북에서 쏜살같이 불어오는
북빙양北氷洋 얼음 깎던 칼날바람
사람살을 깎는 듯
그러나 백두산이 방패 되니
그 안에 든 무리야
엄동설한인들 어떠리

누가 진세塵世를 피하고자

마음을 닦고자

안광眼光을 넓히고자

묻지 말고 거리만 올라가소

우뚝 선 보탑寶塔이로다

영원히 조선겨레의 보탑이로구나

백두산에서 사냥을 마치고 중무리로 돌아온 우리는 여기에서 음력 6월 하순에 중국 마적단 30여 명의 습격을 받아 우리가 갖고 있던 장총과 권총과 곰가죽을 모두 빼앗겼다. 게다가 나는 전주錢主라는 지목을 받고서 자기들의 요구를 만족시키지 못한 죄와 다른 의병은 상투가 있는데 혼자 머리를 잘랐으니 일본헌병 보조원이라는 혐의로 묶어서 매달아 모든 악형을 다했다. 최후에는 사형선고를 받고 곧 사형집행을 당하려는 참이었다. 총구를 등에 대고 가까운 시냇가로 총살당하러 나가던 나에게는 세상이 온통 아찔할 뿐이었다. 그래서 사형장으로 50여 보나 끌려나가던 나는 최후의 한마디를 요청하였다. 이 말이 내 생명을 좌우하는 말이라, 얼마나 정력적으로 말하였던지 두목은 감복하여 사형집행을 중지하라는 명령을 내렸다. 그런 후 차차 오해가 풀리어 생명의 위험은 없었으나 형언하기 어려운 모든 악형으로 내 몸에는 아직도 상처가 남아 있다.

나는 서간도를 떠나 서울로 향해 오다가 진로를 바꾸어 안동현에서 상해로 가게 되었다.

이 어린 청년이 만주 황야荒野에서 헤매는 것을 보시던 윤세복 선생은 나에게 서울로 가서 고학苦學이라도 해서 공부하라고 권하셨다. 그래서 나는 1915년 겨울에 무송현을 떠나 천여 리를 걸어서 안동현까지 나왔다. 그 때 박황朴滉 씨가 경영하던 여관에 들었더니 이러한 소식이 들린다. 나에게 이병진李秉鎭 씨가 편지를 부쳤는데 받아보지 못했느냐 하며, 그 내용은 다름이 아니라 나로 하여금 상해로 와서 공부하라는 것이라고 박씨가 전했던 것이다.

나는 본래 공부의 길을 찾아가는 사람이라는 각오를 새로이 하고 곧 행장行裝을 차린 뒤에 배를 타고 상해로 가서 이병진 씨를 만나게 되었다. 이번 여비는 내가 치타에서 노동해서 번 돈으로 충당되었다.

3. 중국 상해에서 유학하던 때와 그 뒤

방랑생활을 청산하고 수양의 길로 들어선 나에게는 가는 방향은 다를지언정 곤란은 여전하였다.

내가 입학한 학교는 상해 프랑스 조계租界에 있던 독일인이 경영하던 동제同濟대학이었다. 이 학교의 예과豫科에 입학한 나는 먼저 입학금 2원만 가지고 입학수속을 밟은 뒤 개학날부터 그 날의 공부를 시작하였다. 개학 후 3일째 되던 날 게시판에 엄중한 경고문이 붙었는데, 오늘부터 일 주일 안에 그 학기의 수업료와 기숙사비 등 합계 150원을 내지 않은 학생에게는 입학을 취소한다는 것이다. 학비도 없이 입학한 나는 이 공고를 보고 나서 다소 불안감을 떨쳐버릴 수 없었다.

입학일부터 학비곤란을 겪게 된 것은 나의 학비를 부담하고 조선으로 들어온 이병진 씨의 후원이 예정대로 실행되지 못했기 때문이다. 그것은 이병진 씨도 당시 부모를 모시고 있는 사람으로서 재산권이 자기에게 없었을 뿐 아니라 수년간 자신도 해외생활의 금전소비로 그 가정에 과중한 부담을 주었던 까닭이다. 최종 마감날의 하루 전에 나는 별수없이 거짓 병가病暇를 내어 하루에 37전 하는 빈민여관에 숙소를 정하고 학비를 구하기에 힘썼다. 다행히 예관睨觀 신규식申圭植 씨의 주선으로 사흘 만에 돈을 구해 다시 학교로 들어가서 안심하고 공부하게 되었다.

개학한 뒤 며칠이 지나 한문선생은 작문시간에 '부모 은덕론恩德論'이라는 제목을 내어주면서 두 시간내에 지어 바치라고 한다. 한문을 어릴 때부터 자기 나라 말로 공부해온 중학생들은 원고지 여러 장에 가득 써서 한 시간 만에 바치고 나가는 사람도 적지 않다. 그런데 평생 순한문으로 논술한 작문이라고는 한줄도 지어보지 못한 나는 그 때까지 작문지에 붓을 대어보지 못하고 눈만 껌벅껌벅하면서 앉아 있었다. 가만히 생각하니 선생께 백지로 그냥 드리는 것은 미안하기보다도 성의 없게 보여 오히려 선생에게 불경不敬이 된다고 느껴졌다. 그래서 '父母恩德 天高地厚 何以報之 一筆難記(부모의 은덕은 하늘처럼 높고 땅만큼 두터우니, 어떻게 보답해야 할지 한 줄의 글로 표현하기 어렵네)'라고 겨우 한 줄을 써서 바치었더니 그 다음

작문시간에 글을 평가해왔는데 문체는 척대체隻對體로 고아高雅하며 글의 뜻은 지극히 간단하면서도 할 소리는 다 하였다는 데에서 평하길 '일자천금一字千金' 이라고 작문지 끝에 씌어 있었다. 이 평이 그 때에 더욱 유명하였다. 이렇게 시작한 한문작문도 3, 4년 지나는 동안 다소 늘어서 나중에는 쉬운 뜻을 표시할 만큼 되었다.

나와 같은 해, 같은 반에 입학한 조선학생은 문영빈文永斌 씨와 최순崔淳 씨인데 우리 세 명은 기숙사에서 같은 방에 기거하였다. 그 당시에는 중국학교에서 공부하는 조선학생들이 여러 가지 편의를 위해 중국의 원적原籍을 가지고 겉으로는 조선인이란 표를 내지 않는 일이 종종 있었다. 그래서 우리도 봉천 민적民籍을 가지고 입학하였다. 그러나 언어관계로 여러 사람을 오랫동안 속일 수 없었다.

우리가 들어 있는 기숙사는 학교 운동실을 임시로 꾸며서 마치 병영처럼 백여 명의 학생이 한 칸에 들어 있었다. 불행하게도 나와 한 책상에 마주 앉아 같은 전등불 밑에서 공부하는 중국학생이 있었는데 이 사람은 뒤에 알고 보니 다른 학교에서 품행불량으로 두 번 퇴학당하고 온 학생이다. 함께 있던 문씨는 상자에 든 양복과 돈을 이 사람에게 도둑맞은 일이 있었다. 또 이 불량한 학생은 종종 결석하고 밤낮 침대에 누워 연애소설만 보는 사람이다.

그런데 어느날 저녁에는 이 사람과 전등불 싸움이 났다. 한 책상에서 공동으로 쓰라는 전등을 저 혼자 층계침대에 올려다놓고는 드러누워서 소설만 읽는다. 등불을 빼앗긴 나는 밤이면 공부를 할 수 없다. 그래서 등불을 제 자리에 놓고 같이 공부하기를 여러 차례 권하였으나 끝내 듣지 않는다. 그래서 하룻저녁에는 저 혼자 전등불로 침대에 누워 소설을 보는 그 녀석에게 정당하게 권했으나 말을 듣지 않기에 전등을 빼앗아 그것으로 그 녀석을 내리 갈기고 또 큰 책상을 한 손으로 들어서 2층 침대에 있는 녀석을 올려쳤다. 이와 같은 실랑이가 벌어지자 수백 명 학생이 모여들었다.

그 결투의 이유를 들은 학생들은 공분公憤에 이기지 못하여 그런 놈은 죽도록 때려주라고 사방에서 주먹이 불끈불끈 나온다. 이때 30세 가량의 거대한 대장부가 연단 위에 올라서더니 나를 동정하고 그 놈을 공격하는 연설을 한바탕 하고 나를 찾아 인사한 뒤에 위안의 말을 하고 갔다. 그 사람은 당시 그 대학 공과工科 4학년생인 봉천사람 조후달趙厚達 씨였다. 이 조씨도 빈한한 학생으로 그 학교에서 학업을 마치고, 훗날 장학량張學良 씨의 신임을 받아 관비생官費生으로 스위스와 독일에 가서 병기학兵器學을 전공하고 돌아와서 봉천에 있던 동북東北대학 총장으로 있다가 불행히 병으로 죽었다.

나는 이 조씨의 동정을 받아 동제同濟대학에서 고학의 편의를 얻게 되었다. 여러 가지 사정으로 말미암아 당시에 이우식李祐植(이병진의 다른 이름) 씨로부터 학비를 후원받고 있다는 사정을 잘 아는 조후달 씨는 이렇게 말했다. "만일 당신이 좋은 성적을 거두고 또 나와 같이 이 학교에서 타자기 찍는 일을 도와준다면 교장께 주선하여 장학생으로 특채되도록 힘써보겠다"고 하였다. 그래서 그 후 나는 장학생으로 공부하게 되었다. 그러나 기숙사비, 교과서비, 기타 생활비는 나올 곳이 없었다.

그럭저럭 지내는 가운데, 뒷날에 만주국 정부의 민정부民政府 장관으로 있던 우정원于靜遠 씨가 나와 같은 반에 있었고 또 같은 방에서 기숙을 하였으므로 내 사정을 잘 알 뿐 아니라 또 조후달 씨의 지도를 받던 학생인만큼 가끔 적지 않은 도움을 주었다. 이리하여 예과 4년이 잠깐 지나갔다.

1920년 2월에 이 예과를 졸업한 뒤에 내 성격과 전혀 맞지 않는 의과와 공과밖에 없어서 그래도 공과가 나을 듯해서 공과에 입학하였다. 그래서 반 년 동안이나 실습시간이면 철공장에서 해머를 들고 벌건 쇳덩이를 치며 기계를 돌려 쇠를 깎으며 모형과模型科 모래 구덩이에 앉아서 흙칼질을 하였고 학과시간이면 이화학理化學실험실에 앉아 도화판圖畵板 앞에서 자와 콤파스를 쥐었다. 그러나 아무리 생각해도 도표의 선 하나를 바로 긋지 못하는 나의 소질로는 흥미를 가질 수 없었다.

1920년 가을에 북경을 거쳐 조선으로 들어온 뜻은 이우식 씨를 찾아온 것이다. 그래서 다소 학비를 마련하여 중국으로 돌아가게 되었는데, 10년 만에 들어온 그립던 고국에서 두 주일도 머무르지 못하고 또 압록강을 건너갔다. 그 때는 3 · 1운동 직후라 경계가 엄할 뿐 아니라 상해에서 온 나에게 자유가 있을 리 없었기 때문이다. 이런 부득이한 사정은 나에게 영원히 잊지 못할 한恨이 되었으니, 그것은 10년 만에 고향에 돌아가서 70세 노령의 아버지를 한나절 만에 다시 이별하게 된 것이 곧 영원한 이별이 되고 만 것이다.

두 번째로 조선을 떠난 나는 10년간의 해외생활을 결심하였다. 북경으로 가서 신성모申性模 씨와 논의한 뒤에 곧 상해로 가서 퇴학수속을 밟고 정든 동제대학을 떠난 것은 독일로 가기 위함이었다. 그래서 북경으로 가서 신성모 씨 댁에 머무르게 되었다. 그리고 상해 유학시대에 열렬한 혁명투사로서 당시 3 · 1운동 관계로 모여든 지사 중에 가장 젊은 청년으로서 항전주의자였던 김원봉金元鳳, 이범석李範奭 두 장군과 같이 일한 것은 가장 의의 깊은 일이었다.

베를린행 여정은 자동차로 몽골 사막을 지나서 시베리아 철도로 간다고 정하였다. 그리고 몽골의 살아 있는 부처인 몽골왕의 어의御醫로 울란바토르(몽골의 수도, 중국명은 고륜庫倫)에 머무르던 경성 세브란스 의학전문학교 졸업생인 이태준李泰俊 씨와 동행이 되어 북경을 떠난 때는 1920년 10월이다.

장가구張歌口(중국 하북성河北省에 있는 도시)에 가서는 백당白堂의 난리로 울란바토르로 가는 도로가 막혀서 여러 날 기다렸으나 안정될 희망이 없으므로 부득이 북경으로 다시 돌아오고 말았다. 지금 생각해도 아찔한 것은, 수 주일 후에 이태준 씨는 혼자 울란바토르로 들어갔는데 즉시 백당군白堂軍에게 잡혀서 참살당하여 뼈도 찾지 못하게 된 것이다.

북경에 남아 있던 나는 행로를 뱃길로 돌리려고 생각할 즈음 이듬해 봄에 상해로부터 전보가 왔는데 이동휘李東輝 씨의 유럽행에 동행을 청한 것이다.

이 전보를 받은 나는 곧 행장을 수습하여 상해로 내려가서 이동휘 씨를 만났다. 그런데 동행의 임무는 여행중에 중국어와 서양어의 통역이었다. 우리가 여권을 발급받아 프랑스 배를 타고 상해로 떠나던 때는 1921년 6월이다.

먼저 홍콩에 정박하고 다음에 안남安南의 사이공(중국명은 서공西貢)

에 정박하여 하루 동안 쉬는데 사이공시와 근교를 구경하고 다시 출발하여 싱가포르로 가서 또 하루를 머무르다가 떠나려고 할 때, 일본영사관 경관 한 사람과 영국 경관 두 사람이 배에 올라서, 가명으로 중국여권을 가진 이동휘 씨와 박진순朴鎭淳 씨의 여권을 빼앗으려고 중국인에 한하여 여권을 조사하여 두 사람을 발견하였으나, 남의 선객船客의 여권을 빼앗는 것은 그리 쉬운 일이 아니다. 함장에게 교섭하는 데 여러 가지 절차가 있으므로 시간이 없어 떠나게 된 배를 붙잡을 형편이 못되어 원통하다는 기색을 하면서 그냥 내려가게 되었다.

그래서 위기를 무사히 넘겼다. 그러나 우리는 마음을 놓지 못하고, 찌는 듯한 적도赤道의 인도양의 사나운 풍랑을 거슬러 인도 실론의 콜롬보 항구에 정박하였다. 이 항구에 도착하기 서너 시간 전에 함장의 말이, 상해 프랑스관청에서 무선전보가 왔는데 이동휘와 박진순 두 사람은 입국을 허락하지 않는다고 하였다. 그러나 만일 당신이 콜롬보 항구의 영국관청에 가서 당신들의 여권에 영국영지領地 통과승인만 받아오면 우리 배로 포트사이드Port Said(수에즈 운하의 지중해 어귀의 서안西岸에 있는 항구도시)까지 갈 수 있다고 하였다. 그래서 우리는 곧 대책을 생각한바 영국관청에 우리만 가는 것보다는 영국인을 데리고 가는 것이 나을 듯하여 배 안에서 친해

진, 중국에서 20여 년을 기독교 전도를 하고 귀국하는 영국 선교사 한 사람을 데리고 갔다. 콜롬보 영국관청에서 사정을 말하고 여권에 영국영지의 통과승인 도장을 찍은 뒤에 안도의 한숨을 내쉬었다. 그리고 편안한 마음으로 시가지를 돌아다니면서 인도인의 생활상태를 살피며 유명한 불교 수도원을 구경하고 배로 돌아와서 함장에게 여권을 보였더니 좋다고 하였다.

그래서 무사히 그 배로 포트사이드까지 가게 되었는데 산봉우리와 같이 높이 밀려오는 유명한 인도양의 여름철 풍랑을 헤치고 여러 날 만에 아프리카 항구로는 처음으로 지부티Djibouti에 닿았다. 배가 한 나절 정박하는 동안 그립던 육지에 내려서 항구를 돌아다니며 구경하는 가운데 흑인의 서당을 재미있게 관찰했다. 그들이 몸을 흔들면서 소리를 질러 글을 읽는 꼴은 마치 우리나라 사숙私塾에서 한문을 읽는 꼴과 같았다. 그들이 읽는 글은 아랍문자이다. 하루종일 여기저기 돌아다니다가 석양무렵에 배로 돌아와 조금 있다가 출항했다. 그 후 몇 시간 지나 배는 벌써 홍해紅海로 들어섰다. 찌는 듯한 홍해의 더위를 무릅쓰고 며칠 동안 가노라니 육지가 가까워오는데 승객들은 갑판 위에 올라서서 멀리 아득하게 보이는, 공중에 높이 솟은 예수교 성경에 나오는 시내Sinai 산을 바라본다. 그리고 한동안 가다보니 석양무렵에 수에즈 항에 왔다. 여기에서 잠시 지체한 후 다시 수에즈 운하에 들어서니 황혼이 되었다.

그 이튿날 오전에 포트사이드 항에 닿았다. 조건부로 오던 이동휘 씨와 박진순은 여기에서 하선하지 않을 수 없어 나도 같이 내렸다. 우리는 서너 시간 동안 이 항구의 이모저모를 구경한 뒤에 기차로 이집트의 수도 카이로에 들어갔다. 여기에서 이틀 동안 머무르면서 박물관과 이슬람교 사원을 구경하고 그 부근에 있는 유명한 피라미드를 구경한 뒤에 많은 감회를 가졌다. 이 도시를 떠나 알렉산드리아 항으로 나가서 이탈리아 기선을 타고 시칠리아 섬의 항구 시라쿠사와 카타니아에 들른 후 나폴리 항에 닿았다.

여기에서 이틀 동안 구경하고는 바로 로마로 들어가 사흘 동안 머무르면서 로마 극장의 유적과 로마 교황의 궁전으로부터 서양의 고금古今문화를 살펴보고 지나는 길에 역사적인 도시 밀라노를 구경하고 세계적인 풍경으로 유명한 알프스산을 넘어 스위스의 서울 베른에 도착하였다. 이 곳에서 하루 머무른 뒤에 국제회의가 자주 열리는 제네바를 구경하고 독일 베를린으로 직행하였다.

베를린은 나의 최종 목적지라 행장을 끌러놓고 쉬게 되었다. 그러나 나의 여행이 계속되지 못한 것은 이동휘 씨의 최종 목적지가 소련의 수도 모스크바인 까닭이었다.

그 때는 러시아 혁명 직후라 그 나라에 들어가기가 매우 어려워 특별한 관계가 아니면 입국시키지 않았다. 그래서 연락하는 동안 1개월을 베를린에 머무르게 되었다.

때는 늦은 가을이라 노란 잎이 뚝뚝 떨어지는 9월에 베를린을 떠나서 모스크바로 가게 되었는데 독일 공산당의 영수領首로 당시 국회의원으로 있던 파크 씨가 같이 동행하여 여행중에 많은 편의를 얻었다.

우리 일행은 독일 동해안에 있는 슈테틴(현재 폴란드의 슈체친) 항구에 가서 배를 타고 에스토니아Estonia(발트해 연안에 있는 국가)의 레발 항구에 이르러 거기에서는 기차로 러시아의 옛 수도 페테르부르크(현재의 레닌그라드)로 갔다. 그 곳에서 과거에 찬란했던 수도가 이제는 혁명의 세례를 받아 폐허가 되었구나라고 느끼는 등 여러 가지를 두루 살펴본 뒤에 모스크바로 직행하였다.

나는 크레믈린 궁전과 공산대학, 기계공장 등을 구경하였고 때마침 10월혁명 기념일이라 붉은 광장(크레믈린 궁전 동쪽에 있는 광장)에서 열린 적군赤軍의 관병식觀兵式에서 군무軍務위원장 트로츠키의 격려연설을 들을 수 있었다. 그 때에 세계혁명을 부르짖는 적군의 기지야말로 가을바람과 같이 위풍이 당당한 느낌을 주었다. 본래 약속하고 온 나는 이제 학업의 길을 찾아 지나는 길에 라트비아

Latvia의 수도 리가Riga에 내려 구경하고 리투아니아Lithuania(발트해에 인접한 소련 연방공화국의 하나)와 폴란드를 지나서 베를린으로 돌아오니, 때는 1922년 1월이었다.

4. 독일 베를린에서 유학하던 때와 그 뒤

내 고유의 성격으로 나는 어릴 때부터 무슨 일이나 성공과 실패를 돌보지 않고 다만 뜻을 세우고 그것으로 분투하는 때 즐거움을 느낀다. 그러므로 무슨 일에나 먼저 계획을 세우고 시작한 일은 없다. 다만, 먼저 뜻을 세울 뿐이다. 그러니 나의 생활은 언제나 모험이다.

내가 독일에서 유학하던 것도 물론 모험이다. 누가 나의 학비를 도와주겠다고 약속해준 사람도 없었다. 그 때는 대전 후라 마르크 환시세가 떨어졌으므로 여비 중에 남은 돈을 바꾸니 한 학기의 학비가 겨우 되었다. 이것으로써 공부를 시작하였다.

(1) 베를린 대학에 입학

내가 베를린 대학 철학과에 입학한 날은 1922년 8월 28일이다. 독일의 대학에는 입학시험을 치르고 입학하는 것이 아니라 마땅히 고등학교나 대학 예과豫科의 졸업증서를 가지고 있어야 대학에 들어갈 수 있다. 그런데 독일어로만 가르치지 않는 학교에서 공부한 외국학생에게는 따로 독일어 시험을 보여 합격되어야 비로소 입학이 된다. 나는 상해에서 독일인이 경영하는, 독일어로 가르치는 학교에서 공부하였기 때문에 독일어 시험도 면제되어 입학할 수 있었다.

그런데 자기가 배우고자 하는 과정을 스스로 짜는 대학이라 나는 무슨 학과를 선택해야 될까 한참 망설였다. 대학규정에 의해 학과는 자유로이 선택하되 하나의 전공에다 적어도 두 개의 부전공 학과는 공부해야 시험볼 자격을 얻으므로 나는 정치학과 경제학을 전공으로 삼고 철학과 인류학을 보충과목으로, 그 밖에 취미와 필요에 의해 언어학을 택하여 공부하게 되었다.

그래서 4년 동안은 정식학생으로, 일 년 동안은 연구생으로 5년간 대학생활을 하였는데 그 때 궂은 일과 기쁜 일을 모두 경험했다. 이렇다 할 학자금의 기초도 없이 어떻게 지냈을까. 이제 그 때의 경과를 간단히 말하겠다.

첫째, 매우 가난해서 빈민구역 중에서도 전등불이 없어 조그마한 석유등을 켜는 작은 방을 찾아가서 거주하면서 한 끼는 빈민식당에서 먹고 아침 저녁에는 주인집에서 보리차를 끓여가지고 검은 빵에 양배추 김치를 먹었다. 빈민구역의 생활수준은 부민富民지역에 비해 평균 3분의 1도 못되는 것이오.

둘째, 대학에서 과목을 선택할 때 무료로 듣는 과목을 많이 취한 것이오.

셋째, 대학에 조선어과 강사로 있게 되어 도서관의 책을 빌리는 데 드는 보증금을 면제받은 것이오.

넷째, 대학에서 고학생을 위해 설치한 식당, 세탁소, 옷과 구두 수선소, 문방구 등 일체의 복지시설을 이용한 것이다.

그러면서도 부득이한 경우에는 가끔 굶었다. 이런 식으로 지내니 마르크 시세가 한창 떨어질 때에는 한 달의 생활비가 5, 6원에 불과하였고 환율이 고정된 뒤에도 수업료까지 합하여 생활비가 매월 평균 50원에 불과하였다. 이것은 곧 당시 일반 외국 유학생의 학비에 비해 3분의 1에 지나지 않았다. 이러한 학비도 이우식 씨의 도움에 의한 것이었다.

(2) 베를린 대학 동방어학부에 조선어과를 둠

1923년 10월 베를린 대학에 조선어과가 창설되어 3년 동안 강사로 있게 되었는데, 그 동기는 당시 한문학자이면서 만주어와 몽골학자인 해니스 교수에게 내가 몽골어를 배운 데 있다.

함께 공부하던 독일학생들은 틈틈이 나에게 조선어를 배우다가 하루는 청하기를 이럴 것이 아니라 정식으로 조선어과를 설치하는 것이 어떠냐고 하여 물론 좋다고 하였다. 그랬더니 그들은, 오늘날 빈궁한 독일은 유료강사를 초빙하지 못할 것이니 당신이 무보수 강사를 허락한다면 전례前例에 의하여 이것이 설치될 수 있다고 말했다. 전례란 당시 이탈리아와 불가리아는 각각 자국어를 세계에 소개하기 위해 국비로 강사를 베를린 대학에 파송한 일이 있었다.

그들의 권고에 의해, 문교장관에게 신청서를 제출하자 곧 인가되었다. 그래서 내가 그 대학을 떠날 때까지 3년 동안 그 강좌의 교편을 잡았다. 조선어 연구생은 독일인 외에도 러시아인과 네덜란드인이 있었다.

내가 상해에 있을 때 김두봉金枓奉 씨와 한글을 연구하였는데 김씨가 창안한 한글 자모분할체字母分割體 활자를 만들려고 상무인서관商務印書館 인쇄소에 함께 다니면서 교섭한 일이 있다. 그래서 나는 혹시나 하여 이 이야기를 하였더니 독일 언어학자들은 독일 국립인쇄소에 그 활자를 제작시키자는 논의를 부쳐서 허락되었다. 그 일로 곧 상해의 김두봉 씨에게 편지하자, 그 활자를 한 벌 부쳐 왔다. 그래서 그것을 본떠서 4호 활자를 만들었는데 첫 시험으로 동방어학부 연감에 허생전許生傳 몇 장을 인쇄하였다. 서양에서 한글활자를 마련하여 그 분야에서 효시가 된 것이다.

(3) 수학여행

나는 베를린 대학 재학중에 독일학생의 수학여행단과 함께 각 지방을 다니면서 공장, 기타 실업기관과 또 다양한 문화시설을 많이 견학하였다. 학생단체로 가므로 개인으로는 도저히 볼 수 없는 것을 보게 되었고, 또 경제적으로는 보통 여비의 3분의 1을 넘지 않으면서도 모든 편의를 얻게 되었다.

이 수학여행단을 보면, 차리는 것이 마치 출전하는 군대와 같다. 그들이 탄 기차는 화물차 같은 4등석이다. 이 4등석에는 앉는 걸상도 없다. 그러므로 맨바닥에 그냥 주저앉고 곧 그냥 드러눕는다. 왜 이런 차가 있는가? 그것은 빈민을 위한 경제적 의미도 있겠지만 전시에 화물차로 수동되는 군대생활의 훈련을 평상시에 받고 있으라는 뜻이다. 더욱 놀랄 일은 도시나 산골을 막론하고 도처에 이런 여행단 숙박소를 갖추어놓았는데 그것은 마치 전시에 야영野營하는 것처럼 되었다. 혹은 창고 같은 넓은 칸에 보릿짚을 한 길이나 높게 깔아놓아서 그 속에 파묻혀 자게 되었으며 혹은 층계식 침실 가마니 안에 마른 풀을 넣어서 얹어두었다. 그리고 다른 설비 없이 물을 끓여 먹는 가마만 걸어두었다. 그 때 우리 수학여행단도 가는 곳마다 그런 숙박소를 찾아서 자게 되었다.

1926년 8월 베를린에서 동쪽으로 백여 리를 가서 채케리크 농촌 마을에 한 달 동안 머무르면서 농촌상황을 연구하게 되었다. 이곳은 오데르강 지역으로 삼림이 울창하고 산림관리소가 있는데, 거기에는 독일에서 유명한 농림기사로 여러 가지 기계를 발명한 임정관林政官 스피젠베르그 씨가 소장으로 있었다. 나는 자주 그 분을 찾아가서 사귀어 임업에 대한 상식을 많이 알게 되었다. 나는 이 마을을 중심으로 그 주위를 수십 리나 돌아다니면서 농사 짓는 법과 농촌경제 현상을 살펴보았다. 그러는 가운데 독일농민의 자급자족 정신과 그 실상을 알게 되었다. 한 쪽으로 대규모의 현대식 기계 영농화가 실행되고 있으면서 다른 한 쪽에는 소규모의 경영으로 수확기에 도리깨질을 하고 있다. 농가에서는 면양綿洋을 몇 마리씩 길러서 그 양털을 깎아 손으로 돌리는 물레에 실을 자아 그것으로 속옷, 양말 등을 짜는 등 자급자족하는 집이 많다.

도처에 협동조합이 있어서 농촌의 경제조직이 원만하게 되어 있었다.

한편 웬덴족의 부락을 방문하기도 했다. 베를린에서 남동쪽으로 백여 리 가면 슈프레발트 지방이 있다. 그 곳은 낮은 평야지대인데 수로水路가 사방으로 통하며 작은 나무배를 사용하여 교통이 편리하다. 아직도 그 곳 토착민인, 슬라브족에 속한 웬덴족이 산다. 이 민족은 지금도 자신의 고유한 문화를 가지고 살아간다.

인류학을 부전공으로 삼아 공부하는 나는 이 특수한 처지에 있는 민족문화를 연구하고자 1923년 8월에 김준영金俊淵 씨, 김필수金弼洙 씨와 더불어 그 지방을 순회하며 많은 참고자료를 얻었다.

(4) 학업의 경과

나는 베를린 대학에서 4년 동안 학업을 마치고 또 그 곳 연구실에서 일 년간 연구하였다.

그 동안 나를 지도해주었던 교수는 모두 44명인데, 그 중 연구실에 관계한 교수는 경제정책과 재정학의 권위자인 슈마헬 씨, 사회학과 사회경제학의 권위자인 좀바르트Sombart 씨, 인식론의 권위자인 마이엘 씨 그리고 민족심리학과 인류학의 권위자인 투른발트Thurnwald 씨이다.

나는 '중국의 생사生糸공업'이란 제목으로 경제학 학위를 받았다. 이 과제를 슈마헬 교수에게 받은 뒤 논문을 쓰는 데 제일 큰 곤란을 느낀 것은 중국의 통계가 불충분한 것이었다. 이 생사공업은 동양의 가장 중요한 공업으로 동양산 제품이 세계시장을 독점하였다.

슈마헬 교수의 연구실에서는 누구나 논문을 다 쓰면 그것을 강연하여 교수의 평을 받는다. 흔히 강연중 연단에서 쫓겨 내려오는 수가 많다. 아직 인식이 잘못되어 있으니 더 연구해서 가지고 오라고 한다. 그렇지 않으면 강연 뒤에 많은 비평을 받고 돌아가서 많이 수정하게 된다. 그런데 내 논문은 강연 뒤에 의외로 호평을 받았다. 슈마헬 교수는 간단히 "이극로 씨는 독일의 과학적 방법을 완전히 학득學得하였다. 이 논문은 학자적 논문으로 인정한다"라고 말했다. 이 때 연구선생들은 모두 나에게 주목하여 축하의 뜻을 보였다.

특히 슈마헬 교수는 그 연구실을 떠날 때 나를 불러서 그 이튿날 만나자는 약속을 했다. 그 다음날 만났더니 그 선생은 내 논문에 높은 점수를 주고 어느 큰 서점에 소개하여 출판하게 되었다. 규정에 의해 학위논문은 인쇄하여 수백 부를 대학에 내는 것이다. 보통은 논문을 자기 돈으로 인쇄한다. 그런데 내 것은 특선으로 교수의 추천을 받았기 때문에 그 서점에서 원고료로 그 논문 수백 부를 제공하였다. 그래서 인쇄비 수백 원이 절약되어 어려운 나에게는 큰 도움이 되었다. 논문이 통과된 뒤 구술口述시험이 끝나고 학위수여식을 하던 날은 1927년 5월 25일이다.

나는 중학부터 대학까지 10년 동안 독일교육을 받는 가운데 독일정신을 알게 되었다. 그것은 근로, 조직, 과학, 무사武士 등 4대 정신이다.

(5) 세계약소민족대회 참가

베를린 대학에서 동창으로 있던 김준연 씨는 일찍이 귀국하여 동아일보 기자로 있던 때이다. 세계약소민족대회가 벨기에의 수도 브뤼셀에서 열린다는 말을 듣고 국내대표로 나와 황우일黃祐日을 파견하게 되어 나에게 여비를 보내왔다.

그래서 독일유학생 대표로 이의경李儀景과 함께 이 약소민족대회에 출석하게 되었는데 우리 이외에도 프랑스 학생대표로 온 김법린金法麟 씨와 여행중이었던 허헌許憲 씨도 참석하였다. 이리하여 조선대표단이 조직되자 나는 단장이 되어 대회에서 활동하게 되었다. 우리는 대회에 제안할 것을 상의한 바 다음과 같이 결정하였다.

1. 시모노세키조약을 실행하여 조선독립을 확보할 것.

2. 조선 총독정치를 즉시 철폐할 것.

3. 상해 대한임시정부를 승인할 것.

대회가 열리기 전날 이상의 안건을 간부에게 제출하였으나 우리뿐 아니라 다른 약소민족대표들의 제안까지도 간부들은 다 무시하고 반영反英운동을 주요의제로 하였기 때문에 중국, 인도, 이집트 문제만 가지고 떠들고 말았다.

그러나 개회 첫 날 분과위원회를 조직하게 될 때 나는 원동遠東위원회의 정치·산업부 위원이 되었다. 대회가 열리어 의안을 상정하고 토의하게 될 때, 간부회에서 미리 작성한 배영背英에 관한 몇 나라 일만 토의하였다. 나는 일어나 대회 의장단에게 조선문제를 토의하겠느냐 말겠느냐고 강경한 말로 그들의 불공평을 공격하매 의장단은 단상에서 잠시 상의하더니 조선문제의 토의 여부를 중의衆議에 부치는 것이 좋겠다고 그 가부可否를 물었다. 약소민족대표는 다 동의하였으나 결국 표결의 결과 3표의 차로 조선독립문제를 토의하지 않기로 결정되었다.

이 대회에 참석한 인물은 중국대표로 풍옥상馮玉祥계의 녹종린鹿鍾麟 장군, 장개석莊介石계의 소력자邵力子였다. 대표·의장은 네덜란드 암스테르담에 있는 국제노동조합연맹회 서기장 핀맨 씨였다.

(6) 런던에 이르기까지의 여정

독일에서 학업을 마친 뒤에 나는 런던으로 유학을 가게 되었다. 이것도 무슨 준비가 있어서 한 일은 아니다. 당시 런던의 항해航海대학에 재학하고 있는 친구 신성모 씨가 내 학위수여식에 참석하려고 일부러 베를린까지 와서 축하해주던 것이 너무도 감사하였다. 나는 신씨와 함께 런던으로 가게 되었는데, 노정을 특별히 정하여 그 도중에 1차대전시 서구의 중요한 전적지戰蹟地와 파리를 구경하기로 하였다.

1927년 6월 6일 신성모 씨와 베를린을 떠나 라인강에 접해 있는 루트비히스하펜시市로 향하였다. 이 곳은 세계적으로 유명한 독일의 염료染料공업 지대이다. 이튿날에 우리는 베를린의 시멘스 전기공업주식회사의 소개서를 가지고 이 게 염료회사I.G. Farben를 방문하였다. 그 회사의 친절한 호의로 하루종일 중요한 공장을 구경하고 석양에 그 시를 떠나서 프랑스 국경을 넘어 분쟁지인 알사스로렌에 들어섰다.

6월 8일에는 메츠Metz시를 구경하고 나서 베르덩 전적지를 구경하러 갔다. 이 곳은 프랑스의 가장 중요한 요새지로서 세계대전때

가장 참혹하게 장기간 싸운 곳이다. 그래서 누구나 세계대전의 전적戰蹟을 구경하고자 하면 이리로 온다.

우리는 미국인 여행자들과 동행이 되어 자동차로 종일 돌아다니면서 여러 가지 전쟁의 자취를 두루 구경하였다. 거기에는 포연砲煙과 탄우彈雨가 그친 지가 거의 10년이 된 당시에도 아직 곳곳에 채탄採彈공사가 진행되어 대포와 탄환을 땅 속에서 캐내어 군데군데 무더기를 지어 산더미처럼 쌓아놓았다. 그 곳의 전적기념관을 구경하고 있을 때 한쪽에서는 멀리서 울려오는 예배당의 종소리가 들린다. 그 때 나는 선과 악을 겸비한 것이 인간이라고 새삼 느끼고 베르덩 시가지로 돌아와 다음날 파리로 직행하였다.

파리에서 며칠 머무르면서 프랑스 문화시설을 두루 구경하고 특히 유서 깊은 베르사이유 궁전을 뜻 깊게 구경하고 6월 15일 아침에 파리를 출발했다.

영국해협을 건너 당일 저녁에 런던에 닿아서 신성모 씨가 기거하고 있는 항해대학내의 기숙사에 들어갔다.

5. 영국 런던에서 유학하던 때와 그 뒤

1925년 여름 내가 런던에서 처음 머무르던 집은 항해대학 안에 있는 기숙사인데, 이 학교는 런던 동부에 있어 주변에는 템스강을 사이에 두고 한 쪽에는 그리니치 천문대가 있고 다른 쪽에는 인도를 통째로 삼킨 동인도회사가 있다.

수천 톤이 되는 기선이 왕래하는 깊은 템스강 밑을 뚫고 지나가는 큰 버스길은 우리가 날마다 그리니치 공원에 산책 다니는 길이다. 이 공원 옆에는 그리니치 천문대가 있고 이 천문대 앞에는 지구 경도經度의 기준선을 새긴 돌바닥이 있다. 그 옆으로 나오면 천문대의 정문이 있는데, 담 벽에는 세계항해의 표준시계를 박아두었다. 이 기준선을 밟으면서 이 표준시계를 볼 때마다 학술계의 역사성이 중요함을 더욱 느끼게 되었다.

나는 한동안 조선가정에서 식사하게 되어 여러 해 만에 조선음식을 런던에서 먹게 된 것도 또한 인상 깊은 일이다. 이 집은 세계대전 당시에 일자리를 찾아 시베리아에서 온, 함경도의 본적을 가진 정씨의 가정이다.

영국풍속을 아는 데 도움이 될까 하여 마지막으로 몇 달 동안 영국인 가정에서 기거하고 있었다. 찌는 듯이 덥던 여름철도 어느덧 지나가고 북국의 찬 바람이 불어오자 대학교를 찾아 구름같이 모여드는 학생은 런던대학의 거리를 요란하게 한다. 나도 학문에 뜻을 둔 사람이라 1925년 11월 23일 런던대학 정치경제학부에 정식으로 입학하여 한 학기 동안 청강하며 연구실에 다니게 되었다.

여러 교수의 강의 중에 재미있게 들은 것은 라스키 교수의 정치사상 발달사, 영Young교수의 전시戰時경제 문제 및 셀리그민 교수의 문명인과 야만족의 문화적 관계론이었다.

런던 대학 시절에 잊지 못할 일은 상해에서 친하게 지내던 정환범鄭桓範 군을 여러 해 만에 만나서 같은 교실에서 청강하게 된 것이다. 그래서 11월에 공탁孔濯 씨와 함께 캠브리지 대학을 시찰하였다.

1925년 하늘이 청명하고 서늘한 가을에 신성모 씨와 함께 런던 예수교 구세군본부의 소개서를 가지고 그 기관에서 경영하는 농장을 구경하러 갔다. 이 농장은 영국 빈민의 자제를 모아서 식민지의 농업경영 기술을 3, 4년 동안 가르치고 또 각 식민지에 대한 일반지식을 가르친 뒤에 지원에 의하여 각 식민지의 농촌으로 소개하여 보낸다. 이 농장은 런던에서 동쪽으로 수십 리 나가면 옛날성터가 있다. 여기에서 우리는 영국의 식민지 정책과 농업기술을 잘 보았다.

내가 영국에서 깊이 느낀 것은 영국의 언론자유이다. 일요일이나 기타 공휴일에는 큰 거리와 공원에 마치 야시장 노점상을 죽 벌리어놓듯이 곳곳에 각 정당이나 각 종교단체 그리고 기타 사회단체는 각각 노천 강연대를 차린다. 각 단체가 자기의 주의主義를 선전하는 것은 물론이요, 영국 식민지 백성들이 와서 자기의 독립 연설을 하는 연단까지 등장한다. 그러면 오고 가는 사람들은 여기저기 돌아다니면서 제 마음에 끌리는 곳에 가서 사상을 계발하며 사회정세와 국제정세를 통찰한다. 그 결과, 영국인들은 모든 일에 비판적인 태도를 가지며 맹목적인 태도를 배제하게 된다.

1926년 1월 9일 런던을 떠나 벨기에의 수도 브뤼셀을 지나 그 다음날에 베를린에 도착하였다. 이 곳에 다시 와서 4개월 동안 머무르게 된 것은 인연 깊은 베를린 대학에서 언어학과 음성학을 연구하기에 편의가 있기 때문이다. 그래서 음성학 실험실의 주임 위틀로 교수의 지도를 받아 조선어 음성도 실험하게 되었다. 그런 후, 귀국할 목적으로 여권수속을 마치고 미국 경유 요코하마(橫濱)행의 통선通船차표를 사고 도중에 방문할 여러 곳에서의 시찰의 편의를 위하여 여러 선생의 소개장을 얻어 1926년 4월 25일에 베를린을 떠나 바로 런던으로 건너갔다.

런던에서 며칠 지내고 5월 1일에 다시 파리로 갔다. 여기에서 한 달 동안 지냈는데 그 이유는 잠시라도 프랑스 문화를 접촉해보는 것이 나에게 적지 않은 참고가 되리라 생각했기 때문이다. 아닌 게 아니라 이 기간에 뜻밖에 큰 도움을 받은 것이 있으니 그것은 파리 대학 음성학부에서 주임 페르느 교수와 그 조사 체코인 스라메크 박사의 요구에 응하여 조선어 소리를 그 실험실에서 실험적으로 연구한 것이다.

물론 그 한 달 동안에 실험비가 수백 원이나 들었을 것은 명백하다. 그러나 그들은 과학연구가 자기들의 사명인만큼 큰 취미를 가지고 실험한 것이다. 스라메크 박사와 나는 날마다 5, 6시간 실험실에 앉아서 약 1개월 동안 연구에 몰두했다. 마지막날에 스라메크 씨가 웃으면서 "당신이나 나나 다 미련한 사람이오. 우리가 이 번 한 달 동안 실험한 일의 분량은 보통때라면 연구생과 함께 한 학기 동안의 분량과 맞먹는 것이오"라고 말했다. 그가 왜 그렇

듯 열심히 했는가 하면 실험 대상자를 하나 구하기가 돈이 있어도 그리 쉽지 않기 때문이라고 한다.

내가 파리 체류시 잊지 못할 일은 당시 파리 대학에 재학중이던 공탁 씨의 도움으로 여러 가지 편의를 얻은 것이다. 연구와 시찰이 끝난 뒤에 파리를 떠나 런던으로 건너가니 이 날은 1926년 5월 24일이었다.

유럽을 떠나기 3주일 앞둔 나는 시간을 경제적으로 이용하지 않으면 시찰의 목적을 도달하기 어렵게 되었다. 그래서 마지막으로 영국 각지와 아일랜드를 시찰할 계획을 짰다. 먼저 현대문명의 이기利器인 비행기를 타보는 것도 빼놓을 수 없는 일이다 하여 6월 1일에 런던에서 15, 6인이 타는 시가 관람 비행기를 타고 런던 시가의 중요한 곳을 살피게 되었다. 비행기를 타본 것은 이 때가 평생 처음이었다.

런던 대학 교수들의 소개장을 가지고 각지로 떠나던 날은 1926년 6월 4일이다. 먼저 영국의 공업도시 맨체스터에서 공장과 대학과 기타 시가 시설을 구경하고 5일 밤에 맨체스터 정거장을 출발하여 아일랜드의 수도 더블린에 도착하여 몇 시간 시가를 구경하고 아일랜드 문교부를 방문하여 그 나라의 국어교육 현상을 조사하였다. 때마침 아일랜드 국회가 개회중이라 방청을 청하였더니 친절히 허락해주었으므로 의미있게 방청하였다. 역사 깊은 이 나라를 하루 만에 보고 떠나게 된 것은 나의 여정이 급하여 서두르지 않으면 안되었기 때문이다. 이 날 석양에 기차를 타고 더블린 시를 섭섭한 마음으로 작별하고 스코틀랜드의 공업도시 글래스고로 향했다.

6월 7일 아침에 배는 글래스고 부두에 닿았다. 공장들과 대학을 구경하고 그 이튿날 8일에 문화적 옛도시 에든버러로 가게 되었다. 에든버러에 도착하여 버스를 타고 그 부근의 명소인 포드브리지에 가서 유명한 큰 철교를 구경하고 돌아와서 에든버러 대학과 옛 도시의 이모저모를 구경하였다. 글래스고와 에든버러에서 모두 기독교청년회관에 숙소를 정한 것도 추억거리의 하나이다.

6월 9일 오전 10시에 에든버러 정거장을 떠나서 직행열차로 당일 오후 6시 반에 런던에 도착했다. 내가 이제까지 기차를 탄 가운데 제일 먼 거리를 가보기는 바로 이 철도선이 처음이었다. 에든버러에서 조금 나오다가 글래스고로 가는 갈림길 정차장에서 잠시 쉬고는 런던까지 직행하는 데 최대속력을 올렸다.

6월 11일에는 옥스포드 대학도시로 가서 각 학원의 제반시설을 시찰하고 왔다. 캠브리지와 옥스포드는 영국신사를 길러내는 양사원養士院이다. 누구나 그 학원에 들어서면 곧 느끼는 것이 신사다운 기풍이다. 이 학원 안에는 소학교도 있는데 출입하는 소학생도 긴 학자풍의 옷을 입고 다닌다. 그들은 지식을 배우는 것만이 목적이 아니라 행실, 곧 신사예법을 배우는 것이 어느 점에서는 더 중요하다.

6월 12일에는 런던 대학에 가서 음성학의 대가인 대니얼 존스Daniel Jones 교수를 방문하여 조선어 소리에 대한 논평을 들어 많은 참고가 되었다.

나는 6월 13일 오전에 런던을 출발하여 기차로 사우스햄프턴 항구로 가서 반 나절 동안 그 항구를 구경하고 오후 5시에 매제스티크 기선을 타고 그 항구를 떠나서 8시에 프랑스 셰르부르Cherbourg 항에 잠시 닿았다가 곧바로 미국의 뉴욕으로 바로 항행하였다.

나를 일부러 전송하기 위해 런던에서부터 동행하여 사우스햄프턴 부두까지 나와 갑판 위에서 작별한 신성모 씨는 항해왕인만큼—신씨의 항해술은 영국에서도 이름이 높다— 나는 그 분에게서 항해상식을 많이 얻게 되었다. 다른 배의 삯에 견준다면 퍽 비싼 선비船費임에도 불구하고 메제스티크 기선을 타게 된 것은 신씨의 권고를 받은 까닭이다. 그는 배의 전문가라 세계 각국 배의 내용과 역사를 훤히 알고 있다. 신씨는 나에게 늘 말하였다. 이 다음에 미국으로 가거든 마땅히 메제스티크를 타라고 말하면서 한 나라의 구경은 못할지라도 그 배는 구경해야 된다는 것이다. 그 까닭은 그 배가 당시 최신식이요, 최대 기선으로 5만 6,551톤이라는 엄청나게 큰 배이기 때문이다. 그리고 그 배의 기관실에는 기술상 관계로 독일인 기사를 전임으로 두었다.

이 배는 독일이 영국과 해상의 패권을 다투기 위해 세계대전 전에 독일에서 만들다가 전쟁중에 공사를 중지하였던 것인데 대전 후에 준공하여 배상으로 영국에 바쳐 영국이 선적船籍을 가지게 된 역사가 있는 배이다.

이 배는 크기로만 세계제일이 아니라 또 속력으로도 세계제일이다. 이 배는 하루 24시간 내내 항해하는 거리가 5백 7, 8십 리에 이른다. 내가 태평양을 건널 때 타던 시베리아환丸이나 천양환天洋丸의 속력은 하루에 3백 7, 8십 리였으니, 이와 비한다면 2백 리의 큰 차이가 있다.

유럽대륙을 떠난 지 사흘째 6월 15일과 그 이튿날에는 풍랑이 상당히 심했다. 16일 오후 5시에는 선원이 승객을 인도하여 기선의 기관실을 관람하게 하였다. 보통 다른 배에서는 하지 않는 기관실의 관람이었다. 이것은 당시 세계 조선계造船界의 혁명을 일으킨 배인만큼 승객의 요구에 응하고 또한 영국의 자랑거리로 삼은 것이다.

산처럼 큰 이 배가 쏜살같이 질주하여 어느덧 아메리카 대륙이 우리 눈 앞에 나타났다. 승객들이 저기가 아메리카다 하면서 기뻐하는 것은 마치 당시 콜럼버스가 신대륙을 발견하고 기뻐한 듯이 한다. 때는 6월 19일 오후 3시인데 배는 벌써 뉴욕 항구에 닿았다. 항로 게시판에 보니 영국 사우스햄프턴 항에서 뉴욕 항까지의 전 항로가 3,159리이다.

배가 닿자 미국관리가 경호선을 타고 와서 우리 배에 올라섰다. 그들이 승객의 여권과 짐을 조사하고 난 뒤 하선하게 되는 때는 오후 5시였다.

부두에 내리니 한상억韓相億 씨와 허정許政 씨가 마중을 나와서 반가이 만나주었다. 그래서 이 분들의 인도로 뉴욕시에 있는 록펠러 국제관國際館에 가서 편안히 머무르게 되었다.

6. 귀국 도중 미국 시찰하던 때와 그 뒤

(편집자 주: 내용상 무의미하다고 생각되는 부분을 대폭 삭제했음.)

1928년 8월 20일 저녁때 캘리포니아 로스앤젤레스에 도착하였다. 8월 21일과 22일 양일간 로스앤젤레스와 그 부근에서 고무공장과 석유 정제소와 유전 및 과수원 등을 구경하였다.

8월 22일 저녁에는 조선인 자유교당自由敎堂 안에서 국민회國民會 주최로 열린 환영회 석상에서 '한글'이라는 주제로 강연하였다. 이곳에서 안내를 맡아주신 분은 함동찬咸東燦 씨와 강영승康永昇 씨였다.

23일 아침, 차로 로스앤젤레스를 떠나서 태평양 연안철도로 이날 늦은 밤에 샌프란시스코에 도착하여 중국인 기독교청년회관에 머무르면서 닷새 동안 시찰하였다. 26일에는 조선인 예배당에서

'한글' 에 대한 강연을 하고 27일에는 캘리포니아 주립대학을 방문했다. 28일에는 국민회 샌프란시스코지회의 만찬초대를 받았다. 여기에서 인도해주신 분은 황사선黃思宣 씨 그리고 백일규白日圭 씨 그리고 신한申韓 씨였다.

1928년 8월 29일 정오에 내가 탄 시베리아 환丸은 샌프란시스코항 부두를 떠난다. 승객을 환송하러 나온 군중은 일시에 소리를 지른다. 보내는 자, 가는 자가 서로 흰 수건을 흔드는 동안 벌써 배는 망망한 대양大洋에 일엽편주一葉片舟가 되고 말았다.

배는 7일 만에 날짜로 9월 4일 아침에 하와이 호놀룰루 항에 도착하였다. 부두에 마중 나온 조선인 청년회 총무 이태성李泰聖 씨의 인도로 이정근李正根 씨 여관에 숙소를 정하고 한 달 동안 머무르면서 하와이를 시찰하였다. 하와이에서 시찰할 것은 조선인의 종교계 · 경제계, 일반 생활상태와 사탕수수 농장, 파인애플 농장, 제당공장, 파인애플 통조림공장, 제빙소製氷所, 감옥, 정신병자 요양원, 하와이 대학 박물관 등이었다.

9월 18일 호놀룰루 항을 출발하여 하와이 본도本島의 힐로Hilo항으로 항행하여 그 이튿날 아침에 닿아 이관묵李觀默 씨의 인도로 구경하게 되었는데 21일에는 자동차에 동승하여 화산을 구경하고 돌아오는 길에 이승만李承晩 박사가 경영하는 동지촌同志村에 들어갔다. 거기에서 하룻밤 자면서 이승만 박사에게서 그 곳 사정을 많이 들었다. 22일에는 동지촌의 생활상태를 구경하고 오후에 힐로 항으로 돌아왔다.

9월 23일 석양 무렵 이승만 박사와 함께 힐로 항을 떠나서 그 이튿날 아침에 호놀룰루 항에 이르렀다. 하와이에서 지금도 기억에 남는 것은 해외동포들이 사는 도처에 있어서의 경제 · 교육 · 조선어문제를 강연한 것과 그 곳 동포에게 환영과 초대를 받은 것이다. 24일에 호놀룰루에 있는 범태평양회의의 오찬회에 참석하여 인류의 도덕문제로 연설한 것도 잊지 못할 기억이다.

10월 1일 저녁 천양환天洋丸을 타고 호놀룰루 항을 떠나 요코하마로 향하게 되었다. 이 호놀룰루 항에 배가 닿거나 떠날 때 기묘한 경관이 있으니 그것은 곧 환영이나 전송을 나온 사람들이 그 승객에게 화환을 목과 팔뚝에 걸어주는 것이다. 이것은 본래 흑인의 풍속이라고 한다. 나의 목과 두 팔뚝에도 그런 화환이 무겁게 실리었다. 이러한 작별이 있은 후, 천양환은 어느덧 망망대해에 한 알의 밤처럼 외로이 떠간다.

그럭저럭 닷새가 지났다. 배 위의 게시판 달력에는 하루가 건너뛰어 7일이 없어지고 8일이 나오게 되었다. 그 까닭은 오늘이 동서 경도의 교차점인 180도에 걸린 날이기 때문이었다. 보잘것없는 것도 인간이지만 위대한 것도 인간이다. 대양에 홀로 떠 있는 배 위에서도 무선전보를 통해 세상소식이 전달되어 일간신문도 인쇄하여 승객에게 돌린다. 갑판 위에서는 낮이면 운동회가 열리고 밤이면 무도회가 열리며 영화와 연극이 상영된다.

1929년 10월 12일 아침이었다. 멀리 후지산(富士山)이 보인다. 여러 날 동안 그립던 육지도 반가우려니와 더욱이 오랫동안 그립던 동양의 산천이 반갑다. 오전 11시에 배가 요코하마 항에 닿았다. 해상경찰과 해관海關 세무관은 어느덧 갑판 위에 올라서서 승객의 여권과 짐을 조사한다. 모든 절차가 끝난 뒤에 승객은 길게 늘어서서 상륙한다. 그 부두에는 나와 안면이 있는 사람은 한 명도 없었다. 그러나 내가 온다는 소식을 듣고 마중을 나오신 분은 최승만崔承萬 씨와 박사직朴思稙 씨, 민석현閔奭鉉 씨, 안상록安相祿 씨였다. 이 분들은 큰 종이에 내 이름을 써 들고 출입구에서 기다렸다. 이것을 본 나는 반가워서 곧 짐을 찾아 동경으로 부치게 하고 그 분들과 함께 동경으로 들어가서 두 달 반이나 머무르게 되었다.

시찰단도 힘 있는 자의 소개가 아니면 시찰의 목적을 달성하기 어려운데 하물며 개인이야 더 말할 것도 없다. 나의 구미 각국의 시찰은 유력한 분의 소개서를 많이 가졌기 때문에 가능했다. 그러나 앞으로 시찰을 가려고 한다면 새로 힘 있는 소개서를 얻지 않으면 안될 것이다. 그래서 박사직 씨와 민석현 씨를 통해 아베노〔阿部充家〕와 한고쿠〔阪谷芳郎〕를 알게 되어 그 분들의 소개로 동경 상공회의소와 오사카 상공회의소에 가서 소개서를 얻어가지고 일본 안의 각 방면 상공업을 시찰하였다. 그래서 도쿄, 오사카, 교토〔京都〕,고베〔神戸〕, 히로시마〔廣島〕, 마에바시〔前橋〕 등지의 25개소의 공장을 시찰하고 또 그 분들의 소개로 16개 전문대학을 시찰하였으며 그 외의 회사시설을 시찰한 뒤에 대한해협을 건너던 날은 1929년 1월이었다.

선명한 아침햇살에 그립던 고향산천은 아득히 눈 앞에 가물거린다. 어느덧 연락선은 부산 잔교棧橋에 닿았다. 부두에는 맏형을 비롯하여 가족과 일가친척이 마중을 나왔다. 이제는 긴 여행의 피로를 동래 온천장에서 풀게 되었다. 여기에서 며칠 쉬고 고향에 갔다가 다시 조선 각지를 시찰하려고 경성에 왔다.

서울에 와서 먼저 조선어 연구기관과 연구자들을 수소문했다. 이 분야의 동지들의 환영하에 조선어학회(당시에는 조선어연구회라 하였음)에 가입하였다. 그리고 서울 일대를 둘러보고 나서 전국 시찰의 8개월 프로그램을 세웠다.

이런 계획을 세우게 된 이유는, 첫째 세계 각국을 시찰하던 인상이 깊이 새겨져 있고 지식이 새로워 있을 때 조선을 살펴야 양자의 비교를 통해서 인식이 잘될 것이고, 둘째는 내가 앞으로 나아가야 할 방향에 자신감을 얻고자 하는 것이다. 나의 여정은 경의선, 호남선, 경부선, 함경선의 순으로 잡았다. 이 4대 간선幹線을 중심으로 지선支線과 도로와 항로를 연결하면서 전조선을 일주하고, 또한 만주의 안동현과 용정시龍井市도 돌 계획이다. 시찰대상은 실업계와 교육계 그리고 사상계를 골간으로 삼고 명승고적을 가미한 것이다. 이 프로그램의 목적을 잘 달성하는 데에는 올바른 방법이 필수적이므로 제일 중요한 것은 좋은 안내자를 구하는 문제이다. 이에 대해서는 신문사 지국支局을 이용하자는 복안을 세워 놓았다. 그래서 동아일보사, 조선일보사, 중외일보사에 각각 자기 신문 지국으로 돌리는 소개서를 써달라고 청했더니 친절히 써주어 세 장의 소개서를 가지고 많은 편의를 얻었다.

위의 프로그램으로 8개월 동안 시찰한 것은 공장을 중심으로 하고 광산 · 농장 · 어장을 합하여 126곳이요, 대 · 중 · 소학교를 비롯하여 도서관, 신문사, 사찰을 합하여 98처이다. 최종 목적지에 도착한 후 되돌아오는 길에 세계의 명산인 금강산을 두루 구경하고 구룡연九龍淵 맑은 물과 해금강海金江 바닷물에 속세의 더러운 몸과 마음을 씻어버리고 홀로 서울로 돌아왔다.

끝으로 세계여행과 아울러 국내여행의 소감을 말하겠다.

조선은 반도로 산과 바다가 조화를 이루고 수려함에 있어서 세계최고임이 틀림없고 해륙물산海陸物産이 모두 갖추어져 있고 또 풍부한 것이나 춥지도 덥지도 않은 온대기후로 과연 이상적인 낙원이다. 이러한 곳에서 많은 자연의 혜택을 입고 사는 조선민족이라 편안과 즐거움을 좋아하는 것도 당연하다 하겠다.

그러나 국민이 안락安樂에 빠지면 국가가 미약하거나 멸망하기 쉽다. 이것을 생각할 때 조선민족의 장래를 위하여 그 고토故土인 만주대륙으로 진출하여, 시베리아에서 얼음을 깎던 겨울철의 칼날바람에 살을 에이는 듯한 고통과 또는 몽골 사막의 모래에 달구어져 불어오는 여름철의 불꽃 같은 바람에 살을 익히는 듯한 아픔을 맛보아 대자연의 위력에 맞서 싸우고 어떤 역경에도 살아갈 수 있는 백성이 되어야 한다. 그래서 이제 조선민족은 고구려의 무강武强을 계승하지 않으면 안 된다.

7. 길돈吉敦 사건 진상조사와 재만동포 문제

재만동포 위문사 겸 만주당국 교섭사로 1930년 9월 30일에 서울을 떠나 봉천, 장춘長春, 길림吉林, 교하鮫河, 돈화敦化 각지를 순회하고 10월 25일 경성으로 돌아왔다.

이 길돈 사건이란 당시 중국 영토인 만주의 길림과 돈화 사이의 철도연변에 사는 조선동포에게 만주당국이 가혹한 탄압으로 추방·살해하는 등 참변이 있었던 사건이다. 그 원인은 조선동포 중 공산주의자의 어떠한 음모가 있다는 것이다. 당시의 만주당국에는 장학량 씨가 봉천성장省長 겸 동북군 총사령관으로 장작상張作相 씨가 길림성장 겸 동북군 부사령관으로, 희흡熙洽 씨가 동북군 참모로 있었다.

길돈 사건이 발생하자 조선내의 동포는 물 끓듯이 일어나 언론계가 긴장하였다. 그래서 신문사를 중심으로 한 각 사회단체는 연합회의를 하고 그 대책을 협의한 결과, 재만동포 위문사 겸 만주당국 교섭사를 파견하기로 하였다. 9월 초에 서울을 떠날 준비를 하는데 시일이 촉박하여 유진태俞鎭泰 씨와 서정희徐廷禧 씨와 함께 각 사회단체를 방문하고 그 다음에 서울에 있는 중국 총영사와 남방南方 총상회 및 북방 총상회를 방문하고 만주 관헌과 만주 각지 상회와 신문사에 소개서를 얻어 떠나려고 하였다.

그 때에 떠나야 할 날짜는 꼭 하루밖에 남지 않았다. 그래서 나는 자동차 위에 올라앉아 유선생과 서선생께 "선생님들, 오늘 스케줄은 저에게 일임해주십시오. 오늘 하루밖에 남지 않았으니 길을 바로잡지 않으면 실수하기 쉽습니다. 우리를 파견하는 조선 사회단체보다 먼저 중국인의 기관부터 찾아가서 우리도 외교사절인 만큼 그들에게 그 나라에 어떤 사명을 가지고 간다는 것을 사정하고 소개서를 받는 것이 급합니다. 우리 사회단체만은 시간이 없으면 다녀와서 방문해도 괜찮습니다"라고 말하면서 자동차를 바로 명치정明治町에 있는 중국 총영사관으로 몰고 갔다.

그래서 총영사와 면담하고 만주당국과 또 다른 여러 기관에 가는 소개서를 받아가지고 나와 그 다음에 남북 총상회로 달려가서 역시 여러 소개서를 얻어왔다.

그러고 나서 조금 시간여유가 있기에 먼저 경운동慶雲洞에 있는 형평사衡平社로 달렸다. 운전사더러 "자, 이제는 형평사로 갑시다" 하니 두 선생은 나를 물끄러미 쳐다보며 "여보, 어째서 먼저 백정白丁의 자식들이 모인 형평사로 가자는 말이오" 하고 어이가 없다는 태도를 보였다. "예, 시간이 모자랄까 하여 먼저 형평사로 갑시다. 다른 사회단체는 다녀와서 인사를 가도 괜찮습니다. 만일 다른 곳을 먼저 가고 형평사를 빼놓았다가 뒤에 간다면, 그들은 우리에게 아직도 신분관념이 있는가 하고 섭섭하게 생각할 수 있는 까닭입니다. 다른 사회단체야 그런 염려가 없겠지요" 했더니 두 선생은 씩 웃으면서 "참으로 정치가의 자격이 있소" 하였다. 이 날 부리나케 달려 사회단체의 인사방문을 다 마치게 되었다.

그리고 서울을 떠나기 전날의 각 신문에는(동아, 조선, 중앙) 일부러 시켜서 내 사진을 크게 내고 기사를 잘 써달라고 부탁하였다. 그래서 그 신문을 각각 한 장씩 얻어오라고 하여 그것으로써 여권 대신 내 신분을 증명하게 하였다. 만주사정을 잘 아는 나는 영문도 모르게 죽게 될 것을 방비한 것이다.

1930년 9월 30일 하오 7시 20분 특급열차로 각 사회단체의 배웅 속에서 경성역을 떠나 만주 안동역으로 향하였다. 이튿날 몹시 흐린 가운데 비가 내리고 벌써 가을바람이 스산하게 부는 가운데,

오전 7시 15분에 안동현에 도착하였다.

서울을 떠날 때 서정희 씨로부터 그의 아들인 서범석徐範錫 씨를 찾아가 길돈 사건을 조사하기 위해 동아일보사의 특파원으로 갔던 관계를 말하고 그에게 예비지식을 얻어가지고 가라는 권유를 받았다. 그래서 나는 서범석 씨의 집을 찾아서 그를 만나 좋은 참고담參考談을 많이 들었다. 그리고 나는 무엇보다도 내가 마땅히 찾아갈 곳과 그 지역에서 가장 안전한 중국 여관의 이름을 물어서 수첩에 적었다. 이는 만주사정에 정통한 내가 자신의 생명을 안전하게 하려는 것이다. 만일 구석진 조그마한 여관에 들었다가는, 어느 방면에서나 내가 길돈 사건의 진상을 조사하고 돌아와서 발표한다면 자기들에게 불리한 점이 있을 것을 꺼리는 편에서는 내 생명에 해를 입힐 것을 아는 까닭이다.

10월 1일 상오 11시 40분 차로 안동역을 떠나서 안봉선安奉線(안동과 봉천간의 철도)의 가을경치를 감상하고 하오 7시 5분에 봉천역에 도착하였다.

경성역을 떠날 때 벌써 고등계 형사가 따라온다. 그리하여 차 안의 이동경찰은 서로 연락하여 내가 봉천역에 내리니 봉천의 형사는 역 앞에서 나를 맞이하여 제 마음대로 어느 여관을 지정하려고 한다. 그러나 내가 그런 자의 말을 들을 리 만무하다. "여관을 정해주시려 하니 고마우나 내가 묵을 여관은 벌써 봉천 남쪽시장에 있는 신여사新旅舍로 작정되어 있소" 하였더니, 그는 "예, 그렇습니까. 그러면 곧 가서 뵙겠습니다" 하고 갔다. 내가 그 여관에 들어가자 곧 그 형사가 따라왔다. 그는 나의 일정과 행동의 프로그램을 물어서 적고 나서 편히 쉬라 하고 나갔다.

10월 2일에 날씨가 음우陰雨하고 차가운 데에도 불구하고 서울에서 받아온 중국 총영사관과 총상회의 소개장을 가지고 외교활동을 개시하게 되었다. 그리하여 총상회를 방문하고 이날 회담의 만찬초대를 받은 뒤에 저녁 9시 20분 차로 봉천역을 떠나서 장춘長春으로 향하였다.

10월 3일 상오 7시에 장춘역에 도착하니 역 앞의 일본 정복正服 경관은 나의 행방과 스케줄을 조사한다. 이 때 나는 가져온 신문을 보여주어 신분을 증명했다. 그 다음에 장춘 총상회를 방문하여 한중韓中의 친교를 돈독하게 하고 오후 2시에 장춘역을 떠나서 5시에 길림 역에 도착하니 역시 역 앞에서 길림의 일본영사관 형사가 나를 맞이한다. 나는 길림 중앙에 있는 대동大東여관에 들었다. 길돈 사건으로 조선에서 파견된 이극로가 예정대로 몇 월 몇 일에 어느 곳에 도착한다는 신문보도를 들은 친지들 가운데 서간도 환인현 동창학교에 있을 때 친했던 김규환金奎煥 씨와 김승진金承震

씨 두 분이 길림역까지 마중을 나왔다. 뒤이어 여관까지 와서 친절히 그 곳 사정을 잘 말해주어 내가 활동하는 데 큰 도움이 되었다. 여관에 들자 마자 역 앞까지 나온 길림영사관 형사는 방에 들어와서 여러 가지를 조사한다. 그러고 나서 돌아갔다.

이튿날 아침에 다시 찾아와서 반은 명령조의 말로 "일본 영사관에 들러 여러 가지 사정을 잘 듣고 가라"는 말을 하기에 나는 즉시 그럴 필요가 없다고 말했다. "영사관에서 들을 말씀은 서울에 앉아 조선총독부에서 들을 수 있다. 거기에서 듣지 못하고 이 곳의 조선동포에게만 들을 수 있는 진상 때문에 내가 만주를 방문한 것이고 당신도 이 곳 사정을 잘 아시려니와 내가 길림에서 일본 영사관을 방문하였다는 소문이 만주에 있는 조선동포에게 들린다면 내가 목숨을 부지하여 조선으로 돌아갈 줄 아시오?" 하였다. 그는 곧 "그리하면 압록강만 건너서면 재미없을 거요" 하고 위협적으로 말한다. 나는 다시 받아서 "도대체 어떻게 해서 당신의 보고 한마디에 이극로가 압록강만 건너서면 곧 유치장으로 들어갈 것같소. 이게 누구에게 하는 버릇이오" 하고 딱 버티었더니 그는 기가 막히는지 가만히 있다가 "예, 그렇겠습니다" 하고 떠나고 말았다.

그 다음날에 친구 김규환金圭煥 씨는 나를 찾아와서 "여보, 큰일 났소. 어제 당신을 찾아왔던 영사관 형사가 중국 헌병대에 전화

하는 것을 곁에서 들었는데 어제 대동여관에 든 이극로는 조선 공산당의 한 요인要人으로 이 번에 만주에 있는 공산당과 연락을 취하기 위하여 여기에 왔다고 하였다" 하면서 걱정한다.

"그래, 금후에 정보나 잘 모아주시오" 하고 흩어졌다. 내가 길림에 도착했다는 말을 듣고는 서간도 환인현 동창마을에서 나에게 배운 학생이었던, 중국어를 잘 하는 이병린李丙麟 군이 찾아왔기에 그를 통역자로 관청교섭에 동반하여 다니기로 약속하였다. 그리고 천도교 대표로 재만동포 사정과 길돈 사건의 진상을 조사하러 온 김기전金起田 씨와 세 사람이 동반하여 자동차를 타고 길림성청省廳을 방문하니 성장 겸 동북군 부사령관인 장작상張作相 씨는 봉천으로 가고 그의 대리로 희흡熙洽 씨가 있었다. 그리하여 우리는 희흡 씨와 함께 길돈 사건과 재만동포 문제를 교섭하고 나서 여관으로 돌아오고 말았다.

5월과 6월에 길림시에 사는 여러 동포의 집을 방문하고 7월에는 독일 베를린에서 친하게 지낸 중국인으로 당시 길림대학 총장으로 있던 이윤삼李倫三 씨를 방문하여 한중친목을 상담하였다.

10월 8일에는 길림총상회를 방문하고 길림 거류동포의 만찬초대로 열린 환영회에 임석臨席하여 조선내의 정세와 그 동안 중국당국과의 교섭전말顚末을 말하고 금후 재만동포의 한중친목을 역설

하고 여관으로 돌아왔다.

그런데 여관에서는 며칠 전에 말썽을 부리던 총영사관 형사의 농간으로 말미암아 중국 헌병대의 헌병들이 나의 숙소를 조사해 갔던 것이다. 그들이 나가면서 집주인에게 내가 들어오는 대로 곧 헌병대로 오라는 전갈을 주었다고 말하면서 집주인은 매우 불쾌한 태도로 금년에 운수가 좋지 못하여 중추절中秋節에(이 날이 음력 8월 15일이다) 관재官災를 만났다고 한다. 이 말을 들으니 아마 헌병들이 상당히 귀찮게 주인에게 나의 행동에 대해 조사한 모양이다. 나는 "걱정 마시오. 내가 내일 헌병대에 가서 말하겠소" 하였다.

그래서 다음날 오전에 헌병대로 가서 헌병대장을 만나 내가 조선으로부터 파견된 사명을 말할 때 먼저 위압감을 주기 위해 4월에 희흡 장관을 만나서 교섭한 일이 있다고 하였다. 그러자 내가 공산당의 밀사로 온 것이 아님을 알고 곧 사과하는 말을 하면서 대단히 미안하게 되었다 하며 금후의 나의 여정을 물었다. 그래서 나는 교하와 돈화로 가겠다고 하였더니 그러면 그 곳 헌병대에 연락을 취하여 편한 여행이 되게 해드리겠다 하고 친절히 대접해주었다.

10월 10일의 날씨는 음산하고 추웠다. 오전 7시 차로 길림역을 떠나서 10시에 교하역에 도착하여 이 곳의 유력한 동포 안동열安東

烈 댁에 숙소를 정하고 시내 여러 동포의 집을 위로방문하였다. 11일에 교하 공안국公安局(경찰서)을 방문하고 길돈 사건으로 유치되어 있는 동포들을 빨리 석방하여달라는 교섭을 하고 나와서 그 곳의 상회와 농회農會를 방문하고 한중친목의 간담懇談을 하고 떠났다.

10월 12일 오전 열 시 차로 교하역을 떠나서 오후 한 시 반에 돈화역에 도착하였다. 중국 국생菊生여관에 짐을 풀고 여러 동포집을 방문하게 되었다. 이 곳은 길돈 사건의 중심지인만큼 피해가정이 많았다. 무송현에서 친하게 지냈던 이현익李顯翼 씨를 만나 이 분의 안내로 13일에는 피해유족을 방문하여 위로금을 드렸다. 그 다음 헌병대와 공안국을 방문하고 교섭하여 금후 조선동포의 보호에 특별히 힘써달라는 부탁을 하였다. 오후 2시 40분 차로 돈화역을 떠나서 오후 9시 10분에 길림역에 도착하여 다시 대동여관에 숙소를 정하였다. 10월 14일에 길림관청을 다시 방문하여 각지를 순회한 상황을 알리고 금후 재만동포의 특별보호를 간청한 후 봉천에 가끔 들르는 길림성 군민軍民 최고책임자인 장작상 씨에게 연락하여주기를 청하고 떠났다.

15일에는 길림시에서 길림대학교와 길림여자중학교, 제5중학교를 시찰하였다. 16일 오전 7시 차로 길림역을 떠나서 오후 9시 40분에 봉천역에 도착하여 남시장南市場 신여사新旅社에 또다시 숙소를 정하였다.

17일. 날씨가 청명하고 온화하였다. 만주의 최고학부로 현대식 대규모 시설을 가진 동북대학을 시찰하게 되었는데 여기에서 내가 크게 슬퍼했던 것은 공학부장으로 있던 조후달趙厚達 씨의 유상遺像을 대학 안내서에서 보았을 때이다. 그는 상해 동제대학 시절에 나를 협조하던 친우親友일 뿐만 아니라 만주의 일본세력의 강화에 대항하여 한만韓滿동지회를 주창하던 애국자로서 의기意氣가 서로 통하는 동지였기 때문에 만일 이 분이 생존하였다면 내가 활동하는 데 큰 도움이 되었으리라 생각된다. 이 동북대학을 시찰한 후, 북릉北陵을 구경하러 갔다. 봉천에서 북릉이라 하면 청국의 황릉皇陵으로 유명한 고적이다. 이 규모는 그야말로 엄청나다. 당대當代 아시아를 흔들던 영웅의 기상과 웅심雄心이 이 능에도 떠돈다. 능 위에 선 추초秋草는 가을바람에 흔들려 영웅의 혼백의 슬픔을 나타내는 듯하였다. 이것은 곧 일본의 세력 밑에 있는 만주의 현상을 영혼이라도 있다면 슬퍼하는 까닭이다.

10월 18일 오전에는 김기전 씨와 함께 장작상 장군을 그 관사로 방문하였다. 명함을 수위실에 내니 안내자는 우리를 인도하여 응접실로 들인다. 조금 있더니 수위병이 대사大師라고 소리를 지른다. 이 때 장작상 씨는 그 거구로, 무인다운 기상으로 막하관幕下官

을 거느리고 응접실로 들어온다. 우리는 일어서서 그를 맞았다. 그리하여 길림에서 지낸 일을 보고하고 또 재만 조선동포의 장래를 상담한 뒤에 장학량 장군의 면회소개를 청하니 곧 그 분이 유숙하는 여관으로 연락해드릴 터이니 기다리라고 하였다. 그래서 우리는 곧 작별인사를 하고 나왔다. 그러고 나서 봉천의 명물, 라마교의 본산인 황사黃寺를 구경하였다. 이 절은 불교의 종파인 라마교의 절로 여러 가지 종교연구의 재료를 구할 수 있는 곳이다.

10월 19일 오전에는 유명한 만주 황궁皇宮이었던 박물관을 구경하고 오후에는 무순撫順탄광을 구경하였다.

10월 20일 아침에 장작상 씨로부터 인편으로 여관에 편지를 보내왔는데 오늘 저녁 7시에 장학량 씨의 면회를 그의 관사로 청한다는 것이다. 약속을 받은 나는 김기전 씨와 함께 자동차를 타고 장학량 씨의 관사로 달렸다. 봉천성 중앙에 있는 그의 관사는 중국식 집이었다. 응접실에 안내를 받아 들어갔는데, 어두컴컴한 방의 벽에는 봉천성내省內의 각 현지사知事의 명부가 걸려 있다. 아주 간소하게 꾸며놓은 방이다. 약 15분간 기다렸더니 중국옷을 입은 중년노인이 와서 우리를 안내하여 다른 건물로 가는데 먼저 중문中門을 통하여 들어서니 크지 않은 2층 양옥이 나온다. 입구에는 헌병이 서 있다. 이 집 응접실에 들어가니 한 젊은 서양인이 앉아 있었다. 곧 무슨 이권을 얻으러 온 사람으로 느껴졌다.

우리가 이 양옥 응접실에서 한 5분간 기다리니 중국옷을 입은 젊은이가 우리를 안내하여 옆방의 회의실에 들인다. 문을 여니 호리호리하고 키도 작은 아주 얌전한 선비 한 사람이 일어서서 우리를 친절하게 맞아 의자에 앉힌다. 아무리 보아도 무인같이 보이지 않는 장학량 씨이다. 이 사람보다 더 위풍이 있는 것은 그 방구석에 놓여 있는 사자상이었다. 이것은 아마 장씨 자신의 부족한 장군다운 위풍을 보조하는 것이 아닌가 생각된다. 김기전 씨와 나는 장씨와 탁자에 마주 앉아서 정담政談을 나누었다.

만주의 왕좌와 같은 최고위치에 있는 이 장씨를 만났으니 우리는 어떻게 해서든 재만동포의 문제를 톡톡히 교섭하려고 하였다. 그 때 만주는 중국인의 것이라기보다 일본인의 것이었다. 그러니만큼 장씨도 우리에게 긴급한 정치대담을 피하고 두 민족의 친목을 도모하는 간담회 자리를 갖고자 했으며, 그는 조선어를 몇 마디 배우면서 조선어가 중국어와 이렇듯 다르냐고 흥미 있는 태도를 보였다. 약 한 시간 뒤에 친절한 작별로 그 관사를 물러나왔다.

10월 21일에는 봉천에 거류하는 조선동포의 환영 오찬회가 있어 그 동안에 만주당국과의 교섭전말을 보고하고 재만동포의 현실정을 많이 듣고 떠났다.

23일에 김기전 씨는 북경으로 가게 되어 서로 작별하고, 24일 오후 3시 반 차로 봉천역을 떠나서 경성으로 향했다. 가는 곳마다 차 안에까지도 일본형사가 늘 따르고 있어 귀찮기 짝이 없었다. 10월 25일 오전 9시 40분에 청명한 조선하늘을 머리에 이고 경성역에 도착하였다. 봉천을 떠날 때 신간회 본부에 전보를 쳐서 알렸으므로 경성역에는 다수의 친지가 환영을 나왔다. 신간회 본부에서 잠시 쉬고 나서 동대문 밖 상춘원常春園에서 각 사회단체가 모여 환영 만찬회 겸 길돈 사건 실정 조사보고회를 열었다. 이 석상에 다수의 형사는 눈에 불을 켜고 내 입에서 떨어져나오는 말을 낱낱이 적고 있었다.

10월 27일에는 중국 총영사관과 중국 총상회 그리고 각 신문사를 방문하고 인사를 올렸다. 그래서 길돈 사건 교섭일은 완료되었다.

8. 조선어학회와 나의 반생

1929년 1월 나는 10년 만에 그립던 고국 부산항에 도착하였다.

이 해 4월에 조선어연구회(조선어학회의 전신)에 가입하였다. 나는 처음 서울에 오자 마자 조선어 교육의 현상을 조사하였다. 왜냐하면 나는 이 언어문제가 곧 민족문제의 중심이 되는 까닭에 당시 일본 통치하의 조선민족에게 이 언어가 곧 소멸되리라 보았기 때문이다. 그리하여 어문語文운동이 일어나지 않으면 안되겠다고 여러 동지들에게 말하였다. 이로써 민족의식을 고취하고 민족혁명의 기초를 삼고자 함이었다.

그래서 먼저 조선어문을 학술적으로 천명하려면 어지럽게 얽혀 통일되지 않은 철자를 통일시키며 사투리로 되어 있는 말에서 표준어를 사정査定하며 외국어 고유명사와 외래어의 불통일은 그 표기법을 통일시켜야만 사전을 편찬할 수 있기 때문에 그 경제적 기초를 세우기 위하여 조선어사전 편찬회를 조직하였다.

그리하여 일면으로는 이 편찬회로서 어휘모집을 착수하고 다른 일면으로는 어학회로서 어문통일 작업을 착수하여 3년 동안 백 수십 차례의 토의로 조선어 철자법통일안을 내고 2년간의 토의로 조선어 표준어집을 내었으며 10년간의 연구토의로 외래어표기법의 통일안을 내놓았다. 그리고 월간잡지 《한글》을 펴내 조선어 연구의 논문을 내며 자료를 제공하여 조선어문 교육의 지침이 되게 하였다.

이 한글운동이야말로 민족적 총동원이 없이는 안되겠기에 교육계 · 언론계 · 종교계 · 학생계를 총망라하여 다년간 한글강습회를 열고 방언을 조사하며 한글토론회를 개최하고 조선어문 출판을 활발히 하며 또 널리 읽을거리를 퍼뜨리기 위해 조선 기념도서 출판관을 조직하였다.

이렇듯 갖은 방법으로써 조직적으로 어문운동이 심화하고 활발해지자 당시 총독부 당국은 탄압을 개시하여 한글강습회의 금지, 한글날 기념의 금지, 경찰서로의 호출을 강행하였고 결국 1942년 10월에 조선어학회 검거사건이 발발하였다. 이 사건으로 말미암아 동지 중에는 목숨을 잃은 이도 있었다.

내가 조선땅에 들어선 날부터 국어운동에 심신을 바치었기에 나는 가정생활에 너무 등한하였다. 조선어학회의 경제적 기초가 마련되지 못한만큼 나의 가정뿐만 아니라 편집실 동료들의 가정은 사실 모두 굶는 때가 가끔 있었다. 그러나 이런 과거는 다 우리에 대한 하나의 시험기로 보면 그만이다. 해방조선은 무엇보다도 우리의 언문을 해방하였다. 이제 숨을 조금 쉬게 되니 안심이 된다. 이것도 천운인가 한다.

9. 시선詩選

진혼곡鎭魂曲 (1946. 10.)

1.

역사 오랜 조선나라 멸망당하니
충렬사는 의분으로 일어섰구나
만주들을 쓸고 오는 시베리아 바람
두만 압록 맑은 강물 얼어붙었다
서릿발이 나는 칼날 번쩍거리니
적의 목은 낙엽같이 떨어지누나
마주 오는 적의 탄알 가슴 뚫으니
거룩한 피 새론 역사 이뤄주었다

2.

조상나라 위한 몸이 목숨 바치니
그 정신이 멀리 뻗쳐 교훈 되구나
몸은 죽고 혼은 남아 영원 무궁히
자자손손 우리들과 함께 살도다
두견새가 슬피 우는 저문 봄날에
적국 일본 사쿠라도 떨어졌구나
충렬사여 두 눈만은 감아주소서
우리들은 새 나라를 세우오리다

한강漢江의 노래 (1941. 3.)

1.

한강은 조선에서 이름 높은 강
멀리도 태백산이 근원이로다
동에서 흘러나와 서해로 갈 때
강화도 마니산이 맞이하누나

2.

강역은 한 폭 그림 산과 들인데
초부의 도끼소리 멀리 들린다
점심밥 이고 가는 농촌 아가씨
걸음이 바쁘구나 땀이 나누나

3.

한양성 싸고 도는 저 물굽이에
배 띄운 영웅호걸 몇몇이더냐?
강천에 훨훨 나는 백구들이나
아마도 틀림없이 알까 합니다

4.

산 넘어 물 건너서 저기 저 마을

우리의 부모처자 사는 곳일세
떼배에 한가하게 앉은 사공들
기뻐서 이 강산을 노래합니다

낙동강 (1939. 10.)

1.

낙동강 칠백 리 흘러간 저 물이

태평양 위에서 태평가 부르네

2.

진주 앞 흘러온 저 맑은 남강물

합강된 거룽강 경치도 좋구나

3.

강녘은 열려서 너른 들 많은데

곡식이 익어서 황금밭 됐구나

4.

김유신 칼 갈고 솔거가 붓 씻어

신라를 빛내던 낙동강이로구나

애급 금자탑 위에서 읊음

금자탑은 높이 하늘을 뚫고 섰구나
애급 문화를 여기에서 본다
나일강은 흘러 쉬지 않고
사하라 사막 바람은 불고 있다
혜홉 왕의 넋은 아직도 살아 있어
북쪽으로 카이로를 바라보고 운다
예나 이제나 구경 다니는 동서양 나그네
나라의 흥망이 덧없음을 새로 느낀다

埃及金字塔上感吟

金字塔高衝天立 埃及文化於此觀
那逸江水流不息 思賀沙風吹不盡
惠哈王魂尚不滅 北望可市恨不盡
東西古今遊覽客 更新社稷興亡觀

로마 교황청을 읊음 (1901. 6.)

온 세상을 다스리고자 함은 영웅의 꿈이다
그러나 아직도 그런 일을 성취함을 보지 못했다
오직 로마 교황의 권세만은
그 천하를 거느리고 이 성에 있다

統世政治英雄夢 尙今未見事實成

猶有羅馬敎皇權 率其天下在此城

로마를 읊음 (1921. 6.)

로마 문명이 일어난 이 땅은
찾는 곳마다 절로 절하고 싶다
이태리 사람은 전통적으로 예술의 생활
나날이 하는 노래와 춤은 옛날전례를 좇누나

吟羅馬市

羅馬文明發祥地 探訪處處自拜禮
伊人傳統藝術生 日日歌舞從古例

함흥 형무소에서

1.

본디 닥치는 대로 사는 이가
어찌 감옥살인들 피할 사람인가
몇 번이나 죽을 뻔하였는데
하느님이 도와서 살아난 사람이다
나와 같이 복을 받은 사람도
어찌 이 세상사람에 그리 많겠는가
오직 신께 이미 받은 은혜를 감사할 뿐이오
장래 일은 하느님 뜻에 맡긴 사람이다

從來水雲生 何避獄中人
幾度臨死境 神助救命人
如我得福者 豈多此世人
唯謝旣受恩 將任天意人

2.

그 사람의 죽음은 한때 일이나

진리와 정의만은 영원히 산다
한 부분 혈구가 희생을 당하여
귀중한 몸의 전체가 산다
천지 사이 만물 가운데
사람만이 영원히 전체로 산다
맘과 몸이 튼튼한 복을 구하려거든
일이 많아서 생사를 잊어버려라

其人犧牲一時事 正義眞理永遠生
一部血球當犧牲 貴重身命全體生
天地之間萬物中 永生全生唯人生
欲求心·身健康福 多事緊張忘死生

3.

어려움을 참고 사전을 만듦은
선비의 도리에 의무를 다함이다
이런 일이 또한 죄가 되어서
마침내 진시황의 솜씨를 만났다
가슴을 치며 울고 싶으나

어찌 하느냐, 이것도 자유가 없다
깊은 밤 감옥 방 안에서
홀로 누워 눈물만 흘린다

忍苦編辭典 士道盡義務
此亦犯罪事 終富始皇手
打胸欲痛哭 奈何不自由
深夜監屋中 獨臥只落淚

4.
새 가을 한밤중에 벌레소리가 시끄러워
옥 안에 갇힌 사람이 잠들지 못한다
어린 자식과 약한 아내는 요 사이 어떤가
책임을 느끼매 마음 편하지 못하다

新秋子夜虫聲亂 獄中囚人寢不安
稚子弱妻近如何 責任所感心未安

옥중 수양 표어

선비의 도의 세 가지 근본 〔士道三素〕

1. 하느님이 느끼는 정성스러운 마음(感天至誠心)
2. 힘써 이룬 오로지 능한 힘(研成專能力)
3. 함께 잘 사는 큰 공중도덕(共榮大公德)

도로써 산다 〔道生箴言〕

일을 경험하여 도를 얻었으니
이것이 참도가 되고
도를 얻어서 스스로 사니
이것이 참 사는 것이다

經事得道 是爲眞道

得道自生 是爲眞生

10. 조선어학회 사건

피고인 이극로는 어릴 때 서당에서 한문을 배워 사립 초등학교 고등과 1년을 마친 후 열일곱 살때 만주로 건너가서 통화성通化省 환인현과 무송현에서 초등학교 교원이 되었고 1915년에 상해에 가서 독일인이 경영하는 동제同濟대학에 입학하였다. 1920년 동제대학 본과 공과 1년을 중도퇴학하고 이듬해 상해파 고려공산당 영수 이동휘가 이루크츠크파와의 고려공산당내의 분쟁을 해결하려고 국제공산당의 지시를 받기 위하여 러시아로 가는데 그와 동행하였다. 이극로는 그 기회에 독일에 가서 1922년 베를린 대학 철학부에 입학하여 공업경제를 전공하는 한편 인류학과 언어학을 연구하며 1927년 철학박사의 학위를 받아 동同대학을 졸업하고 1929년 1월에 조선에 돌아왔다. 그는 만주에 있을 때 그 곳 조선인

사이에 퍼져 있는 농후한 민족적 반일反日사상의 분위기에 물들어서 박은식, 신채호, 윤기섭尹琦燮과 같은 저명한 민족주의자와 접촉하여 그들에게 교양·감화를 받았다. 더욱이 민족적 종교인 대종교大倧敎에 입교하여 동교의 간부 윤세복尹世復(현 대종교 3대 교주)의 교양을 받아 열렬한 민족의식을 품고 조선의 독립을 열망하여 조선독립운동에 일생을 바쳐서 그 지도자가 되려고 뜻을 세워 군사학을 연구하기 위해 소련에 들어갈 계획을 세웠으나 제1차 세계대전이 일어나 그 뜻을 이루지 못하였다. 그 후 1919년 3·1운동의 실패와 세계에 있어서 모든 민족의 흥망사 그리고 세계약소민족대회에서의 좌절을 통해 조선독립의 외세의존의 근본방침을 시정하였다. 특히 1927년 벨기에의 수도 브뤼셀에서 제1회 약소민족대회가 개최되었을 때 이극로는 조선대표로 출석하여, 첫째 하관下關조약에 의하여 보증된 조선독립 실행을 일본정부에 요구할 것, 둘째 조선에 있어서 총독정치를 즉시 중지시킬 것, 셋째 상해 대한민국임시정부를 승인할 것 등의 세 항목의 의안을 제출하여 조선독립을 위하여 원조를 청했으나 의제로 채택되지 않았고 약소민족 대표자 사이에서도 조선의 존재를 대수롭지 않게 여기는 것을 보고 심한 좌절감을 맛보았던 것이다.

그리하여 우선 조선민족의 문화와 경제력을 양성·향상시키는 동시에 민족의식을 환기·앙양하여 독립의 실력을 양성한 다음 정세를 보아 무장봉기나 그 밖의 적당한 방법으로 독립을 실현시켜야겠다고 생각하게 되었다. 다시 조선에 돌아오는 길에 미국과 하와이에서 이승만, 서재필, 그 외의 민족주의자와 만나 의견을 교환하고 더욱 조선독립에 대한 뜻을 굳게 하여 조선에 돌아온 후, 조선 각지를 시찰하였다. 이를 통해서 목표를 잃고 혼돈에 빠진 조선 민족운동, 특히 실력양성운동으로서의 문화운동이 부진한 모습을 보고 통탄하는 동시에 조선의 고유문화의 쇠퇴와 민족정신의 약화는 무엇보다도 조선어문의 난립과 불일치에 기인된 것으로 보아 이것을 정리·통일 하려면 먼저 표준적 조선어사전을 편찬하는 것이 빠른 길이라고 생각하였다. 그리하여 같은 뜻을 가진 민족주의자 신명균申明均, 이중건李重乾과 이윤재李允宰—그 후 모두 세상을 떠났음—와 협의한 결과, 조선어의 대가로서 일찍이 조선어사전의 편찬에 경험 있는 상해 대한민국 임시정부 요인 김두봉金枓奉을 초빙하여 그를 중심으로 조선어사전을 편찬하려고 계획을 세워 1929년 10월에 이윤재를 상해에 보냈으나 김두봉이 이를 승낙하지 않으므로 피고인들만 이 계획을 실행하기로 결정했다. 그 때 피고인 최현배崔鉉培, 장지영張志暎, 정열모鄭烈模 등의 협력을 받아 각 방면의 명사 백여 명을 이 사업의 발기인으로 권유하여 같은 해 10월 31일 경성부 수표정 조선교육협회에서 창립 총회를 개최하여 '조선어사전 편찬회'를 조직하고 자신과 신명균, 이중건, 이윤재 그리고 최현배 외 1명이 상무위원이 되어 사전편찬에 착수하였다.

조선어사전 편찬사업의 진척에 따라 표준적인 사전의 편찬을 위하여 그 기초공작으로서 먼저 일반적으로 권위 있다고 인정되는 조선어의 연구단체에 의해 혼란스러운 조선어의 철자를 연구한 다음에 이것을 정리·통일할 필요성을 통감하는 동시에, 더 나아가서 통일된 조선어문을 널리 조선민중에 선전한다. 이렇게 하는 것은 첫머리에 설명한 소위 어문운동으로서 조선독립을 위한 실력양성운동에 있어서 가장 효과적일 뿐만 아니라, 이처럼 부진한 조선 문화운동의 나아갈 길을 가장 기초적인 이 운동으로부터 시작하는 수밖에 없다고 생각하였다.

1930년 1월 하순쯤 조선교육협회 안에서 그 당시 미국과 영국에서 상해를 둘러 조선에 돌아온 피고인 김양수金良洙를 통하여 김두봉으로부터 다음과 같은 지시를 받았다.

"한갓 조선어문의 연구 또는 사전편찬은 민족운동으로서 아무런 의미가 없고 연구의 결과로 통일된 조선어문을 널리 조선민중에 선전·보급함으로써 비로소 조선 고유문화의 유지·발전, 민족의식의 배양도 기할 수 있으며 조선독립의 실력양성도 가능한 것이니 앞으로 이와 같은 방침으로 진행하라."

이극로는 이 지시를 받고 더욱 어문운동에 몸을 바치겠다는 결심을 굳게 하였다. 그리하여 먼저 그 방법으로써 항상 부진하였던 '조선어연구회' 라는 조선어 연구단체는 이극로의 가입 후에 그의 조선어문에 대한 조예와 그 연구와 열의에 의해 신명균, 이윤재, 최현배의 열렬한 지지를 받아 갑자기 활기를 띠어 조선어문의 연구단체 가운데 가장 유력한 단체가 되었다. 이들은 이 단체를 표면상 한갓 조선어의 연구·보급을 목적으로 하는 단체처럼 만들어 놓고 속으로는 합법적으로 때를 이용하여 조선어와 문자보급에 의한 조선독립 단체로의 개조계획을 세웠다. 같은 해 9월부터 11월까지 교육협회 안에서 이극로는 신명균, 이윤재, 최현배와 개별 접촉을 혹은 회합석상에서 먼저 김두봉의 지시내용을 전하여 조선어연구회를, 조선독립을 목적으로 하는 어문운동 단체로 개조하려는 뜻을 알려 각각 그 찬동을 받았다.

1931년 1월 10일 조선교육협회 안에서 조선어연구회의 정기총회가 열렸다. 이극로는 동회 개조의 참다운 사정을 비밀에 부쳐두고 동회와 유사한 명칭의 단체가 있어 피차 혼동되기 쉬우며 또한 연구회란 명칭은 조선어문에 관한 가장 권위 있는 단체의 명칭에 걸맞지 않으므로 그 명칭을 변경하는 동시에 조선어사전편찬회로부터 동 사전 기초작업으로서 조선어 철자법의 통일과 표준어의 사정査定에 대한 것도 위촉받은 일이 있으니 이 기회에 회원 각자의 연구기관으로부터 한걸음 나아가서 동회가 연구의 결과를 통일하여 적극적으로 조선어문의 보급운동을 전개하려고 이 개조안을 제의하였다. 그러자 신명균, 이윤재, 최현배, 이희승 네 사람은 이 이면의 사정을 알면서도 이것을 찬동하였고 내용을 모르는 다른 출석회원 장지영, 정열모, 이만규李萬珪, 이강래李康來의 찬성을 얻어 '조선어연구회'의 개명과 동시에 그 목적변경을 결정하였다.

이리하여 이극로는 신명균, 이희승과 함께 겉으로는 조선어문의 연구보급을 도모하는 문화단체와 같이 꾸며놓고 안으로는 조선어문을 정리·통일하여 이것을 조선 민중에게 선전·보급하여 조선의 고유문화의 향상과 조선민중의 민족의식의 환기·앙양에 의하여 조선 독립을 위한 실력을 양성하고자 '조선어학회'라는 결사를 조직하여 동회의 중심인물로 활약하였다.

조선어학회와 동회에서의 이극로의 구체적인 활동은 다음과 같다.

(1) 동회는 조선 고유문화의 향상과 조선민족 민족의식의 통일과 민족적 단결을 도모함으로써 조선독립의 실력을 양성하고자 하였다. 그래서 다양한 문화와 의식의 분열의 원인이 되어 있는

조선문자의 철자법을 통일하여 이것을 조선민중에게 선전보급시킬 필요성을 느껴 동 결사의 조직 후 얼마 안되어 이극로는 이윤재, 장지영, 이만규, 권덕규權德奎, 김윤경金允經, 이병기李秉岐와 더불어 한글철자법의 통일에 대하여 여러 차례 협의하였다. 그 결과, 1933년 10월 경성에 있어서 중류계급이 사용하는 조선어 발음을 표준으로 하는 표음식 조선어철자법 통일안을 작성하여 이것을 일반에게 공포하였다. 그 후 다시 이희승李熙昇, 정인승鄭寅承과 함께 이것을 개정하여 1940년 6월 이 개정안을 공포하였다. 그리하여 조선일보, 동아일보, 중외신보中外申報 등의 각 한글신문과 조선에서 발행되는 한글잡지에 대개 이 철자법을 채용하기를 권유하였다.

(2) 앞과 같은 취지로 조선 각 지방의 방언을 정리하여 표준적 조선어를 사정할 필요성을 느껴 1934년 2월에 이윤재, 최현배, 이희승, 김윤경, 이만규와 협의한 결과 이극로를 비롯하여 최현배, 신명균, 이윤재 세 사람으로서 원안을 작성하였다. 1935년 1월부터 조선어학회 사무소와 그 외 장소에서 원안자 이외에 장지영, 김윤경, 이만규, 이강래 및 그 밖에 사정을 모르는 많은 각 도 출신의 이름 있는 인사와 함께 협의를 거듭하여 1936년 10월 경성에 있는 중류계급이 사용하는 언어로서 각 도에 보편성 있는 조선어

를 표준할 조선어 표준어를 사정하였다. 이것을 같은 달 훈민정음 반포 기념 축하식의 석상에서 발표하는 동시에 사회 각 방면에 공포하였다.

(3) 앞과 같은 취지로 일본어와 외국어로서 조선어로 사용되는 언어의 표기방법을 통일해야 할 필요를 느껴 1931년 1월 그믐께부터 이희승과 조선어학회 회원 정인섭鄭寅燮과 같이 연구하였고, 1938년 4월에 동회원 김선기金善琪와 더불어 조선어학회 사무소에서 여러 가지 협의를 거듭하여 외래어표기법 통일의 초안을 작성하였으나 그 뒤에 다시 이희승과 협의를 거쳐 1941년 1월에 이 통일안을 결정하여 일반에게 공포하였다.

(4) 1929년 조선총독부에서 개정 언문諺文철자법을 발표한 결과, 각 방면에서 이 새 철자법에 대하여 연구열이 높아갔다. 동회는 이를 계기로 조선 각지에 한글강습회를 개최하여 한글강습을 통해서 조선민중의 민족의식을 환기, 앙양시킬 계획을 세웠다.

1931년 7월 이윤재, 최현배, 이희승, 김윤경, 이강래, 이병기 등과 조선어학회 사무소에서 회합하여 이 강습회의 개최에 대하여 여러 가지 협의를 하는 동시에 그 강습회에서 한글의 역사성을 설명하여 한글이 조선민족과 불가분의 관계에 있는 것과 언문을 연구하는 것이 곧 조선 민족정신을 유지시킨다는 것을 강조하였다.

그리하여 수강자의 민족의식의 환기 · 앙양에 힘쓰기를 협의한 다음, 1931, 1932년 각각 7, 8월에 걸쳐 이들 및 이만규와 함께 조선 각지에서 한글강습회를 개최하였으며 다시 1934년 여름 동일한 강습회를 개최하려고 하였으나 당국의 금지조치로 이것을 중지할 수밖에 없었다.

(5) 또는 조선어와 문학의 보급 및 조선 민족의식의 앙양을 위하여 1926년부터 서울 안의 조선인 유지가 이조 세종대왕의 한글창제 반포일을 기념하려고 매년 9월 29일 거행하고 있는 훈민정음 반포 기념식을 조선어학회가 주관하기로 하였다. 1931년부터 매년 음력 9월 29일 서울 안에서 이윤재, 최현배, 이희승, 장지영 등과 같이 많은 조선민중을 모이게 하여 이 축하식을 거행하여 세종대왕의 훈민정음 반포 서문의 낭독과 한글의 우수성을 강조하는 연설을 하여 농후한 민족적 분위기의 양성에 힘써왔다. 그런데 1936년의 기념식 당일에 조선어 표준어의 발표가 있었는데 내빈으로 출석한 민족주의자 안창호가 "조선민족은 선조로부터 계승해온 모든 것을 잊어버리고 결국은 국가까지 잊어버렸다. 다만 조선어만 보유하는 상태이므로 이것의 보급 · 발달에 힘쓰지 않으면 안 된다"라고 불온한 연설을 하여 당국의 주의를 받았다. 또한 1937년 만주사변의 발발에 따라 당국의 단속이 엄중하게 되자 그

뒤로부터 이 기념식의 거행을 중지할 수밖에 없었다.

(6) 조선어와 문자보급 발달에 의하여 조선 고유문화의 향상을 도모하는 동시에 조선민중의 민족의식을 환기 · 앙양하기 위하여 기관지의 발행을 결의했다. 즉 1932년 1월 학회 사무소에서 이윤재, 최현배, 이희승, 장지영, 김윤경과 이만규 등과 함께 조선어학회의 기관지로 《한글》이란 월간잡지를 발행하기로 협의 · 결정하였다. 그 후 1934년 1월까지 신명균, 1934년 4월부터 1937년 5월까지 이윤재, 그 후에는 1942년 6월까지 정인승으로 하여금 각각 그 편수를 맡겨서 매월 최저 6백 부에서 최고 3천 부의 월간잡지를 발행하였다.

(7) 조선어사전 편찬회는 그 뒤에 재정난과 조선어학회에 위촉된 조선어철자법의 통일, 표준어의 사정 등의 기초작업의 필요가 있어 1933년 6월경부터 사실 사전편찬 사업은 중지될 수밖에 없어 동회는 참으로 유명무실해졌다. 이와 같은 사전편찬의 기초공작도 차차 완성되는 동시에 김양수의 알선에 의하여 이 사업에 대한 재정 원조자를 얻게 되었으므로 중지되어 있던 조선어사전 편찬을 결의하여 1936년 3월에 조선어학회 사무소에서 이윤재, 최현배, 이희승 등과 회합하여 협의한 결과, 조선어학회에서 이 사전편찬을 계승하여 '조선어사전편찬회'의 편찬방침을 그대로 답습

하여 이 사전편찬을 계속하기로 하였다. 그 때 이 조선어사전편찬회와 의논하여 동회를 해산시키고 이 사업을 계승하였다. 또한 1936년 1월 정인승, 이중화李重華, 한징韓澄—그 뒤에 죽었음—과 어휘의 채록·주해는 조선독립의 근본목적이므로 민족정신의 고취를 일관시킬 취지하에서 될 수 있는 데까지 철저를 기하는 동시에 적어도 조선의 민족정신을 말살 혹은 약화시키는 문구文句의 사용을 피하고 이 주해가 당국의 검열에 통과될 범위내에 있어서 암암리에 민족의식의 앙양을 도모하는 연구과제를 협의, 결정하였다. 그 후 조선어학회의 사무소와 1935년 8월 경성 화동정花洞町으로 이전한 동회의 사무소에서 이상의 방침에 따라 정인승, 이중화, 한징 및 1938년 6월 조선어학회의 사무원으로 임명된 권승욱, 같은 해 7월 사무원이 된 권덕규, 1941년에 사무원이 된 정태진丁泰鎭 등과 같이 형식상 교묘하게 학술적인 조선어사전으로 위장하고 사실은 조선의 고유문화를 향상시키며 조선민중의 민족의식을 환기·앙양시키는 데 충분한 조선어사전의 편찬에 힘써 1942년 9월까지 수록어휘 약 15만 단어와 1만 6천 항에 달하는 원고를 작성하였다.

(8) 조선독립의 실력을 양성하기 위하여 조선민족의 고유문화의 향상과 민족의식의 환기·앙양의 길은 이상과 같은 각 방법을 실

행하는 이외에 조선어 출판물을 보급시킬 필요가 있다고 생각하였다. 그 방법으로는 태국의 실례를 본받아 널리 조선민중의 관혼상제 등의 비용을 절약케 하여 그 일부를 제공받아 기념으로서 조선어 서적을 출판하기로 계획하였다. 이에 일반 찬조후원을 얻기 위해 이를 형식상 '조선어학회'의 사업이라 하지 않고 조선인 명사名士를 회원으로 삼는 별개의 단체를 만들기로 하고 1935년 1월에 앞의 조선어학회 사무소에서 최현배, 이희승에게 이 결의를 말하며 찬동을 얻었다. 또한 그 사무실에서 비슷한 시기에 이윤재에게, 같은 해 3월에 청진동의 이인李仁의 집에서 이인에게 이 결의를 말하고 협력을 청하여 찬동을 받은 후 그 당시 사정을 모르는 각 방면의 명사 20명에게 권유하여 그 발기인이 되겠다는 승낙도 얻었다. 그리하여 같은 해 3월 중순에 서울 공평동의 요릿집 태서관에서 이인과 이윤재, 그 외에 사정을 모르는 발기인 여러 사람과 같이 이러한 취지 아래 표면상 단순한 출판사업을 경영하는 '조선 기념도서 출판관'이라는 단체를 조직하였다. 그런데 그 후 이 기념출판의 신청이 없자 1938년 1월 이인과 협의한 후 이인에게 그의 부모의 환갑 축하비용 1,200원을 제공받아 김윤경의 저작 《조선 문자 및 어학사》를 1천 부나 출판하여 그 중의 5백 부는 조선과 일본의 각 도서관과 이름 있는 인사에게 무상으로 나누어주고 그 나머지는 판매하였다. 또한 같은 해 2월에 이 사정을 모르는 오세억吳世億이란 사람으로부터 그 결혼기념으로 4백 원을 제공받아 노양근盧良根이란 사람의 책 《날아다니는 사람》을 출판하기로 하여 같은 해 11월에 5백 부를 출판하여 각 방면에 배부하였다.

(9) 조선어학회에서 1935년 4월에 김법린에게, 1936년 4월에 정인승, 한징 두 사람에게 각각 권유하여 이 단체에 가입시켜 이로써 조선어학회의 목적달성을 위한 행동을 하였다.

이상과 같은 조선어학회를 조직하여 조선독립의 목적 아래 실력양성 운동으로서 문화운동의 기초인 어문운동을 전개하여 점차 그 효과가 나타나기 시작하였다. 더욱이 동일한 목적하에서 표면상 학술연구 기관을 표방하나 이면에는 조선문화의 향상과 조선정신의 선양을 도모하는 동시에 독립운동의 투사와 독립 후의 지도적 인재의 양성을 위한 결사를 조직하였다.

조선어학회의 활동에 필요한 자금은 아래와 같이 충당하고자 하였다.

ⅰ. 1936년 1월에 서울 화동정花洞町 이윤재 집에서 그에게 조선어학회 창립에 대한 결의를 말하고 그 찬동을 받아 황해도 안악의 부자 김홍양金鴻亮에게 자금을 제공하라고 하여 이 단체를 조직할 방침을 협의하였으나 출자하지 않으므로 이 계획은 백지화되었다.

ii. 다시 이우식에게 출자시켜 이 결사를 조직시킬 것을 계획하여 1937년 5월에 안암동 보성전문학교 교수 안호상安浩相 집에서 이 사정을 비밀로 하여 그 표면상의 계획을 말하여 이우식에게 출자권유를 맡아둔 안호상과 동아일보 기자 이은상과 함께 이우식에게 이 계획의 개요를 말해 이극로의 참된 의도를 추측시켜 동단체를 위하여 출자를 요구하였다. 그래서 찬동을 받아 자금 10만 원의 제공을 약속받고 이 자금으로써 재단법인을 설립하자고 의논했다. 그래서 그 당시 이우식에 대한 교섭결과를 말하여 그 협력을 청하여 찬성을 받은 후, 그 달 7일에 서울 종로 요릿집 강호천에서 이우식, 이인, 안호상과 회합하여 동 결사와 재단법인을 조직하기로 합의하고 다시 그 달 하순에 이인 집에 모여 이 재단법인 설립수속에 대해 구체적인 계획을 진행시켜왔다. 그러나 그해 12월에 이르러 이우식이 전에 약속한 10만 원의 자금을 제공함이 곤란하게 되었으므로 이상의 계획이 좌절되었다.

iii. 1941년 9월에 당시 서울에 살던 이우식은 본적지 경남 의령군으로 이사간 뒤 항상 이 단체를 지원하려는 초지初志를 굽히지 않았다. 그 해 10월 하순에 관훈동 중국요리집 중화원에서 안호상과 함께 이우식과 협의한 결과 이우식이 1942년 1월까지 10만 원을 제공하기를 거듭 확약시켰다. 그러나 1941년 12월 대동아전쟁

이 일어난 관계로 시국의 추이를 지켜보려고 일단 이 계획은 유보되었다.

이와 같이 전후 수년에 걸쳐 조선독립의 목적으로써 이의 실행에 관해 협의를 해온 것이다.

일본 제국주의의 최후발악으로 조선민족에 대한 야만적 폭력탄압이 드디어 조선어학회에 미쳐서 한글의 운명도 풍파 속에 덮였다.

1942년 10월 1일 고투苦鬪 이극로 스승님은 조선어학회 책임자로 함흥경찰서에 수감되신 후 형언하기 어려운 고문을 받고 첫 날에는 두 번, 둘째 날에는 세 번, 셋째 날에 두 번, 도합 일곱 차례나 기절하셨다. 이와 같은 악형惡刑으로 말미암아 손톱도 발톱도 빠지어 병신이 되었으며 몸에 흠집이 생겼고 더욱 가혹한 구타와 물고문과 비행기 타기(천장 대들보에 밧줄로 매어 나무총을 두 팔과 등 사이로 가로 꿰어 몸을 공중에 매달아두는 것) 등의 악형을 받고 늑막염이 생기어 수년 동안 치료를 받았다.

이와 같은 비인도적 악형은 조선어학회의 목적이 조선독립에 있다는 자백을 받아내기 위함이었고, 1942년 12월 21일부터 1945년 1월 16일까지 9회의 공판 결과, 징역 6년의 판결을 받고 곧 상고上告를 하고 있던 중 우렁찬 해방의 종소리로 함흥감옥에서 8월 17일 조국건설과 인민해방의 원대한 포부를 품으시고 새로운 이 강토를 다시 밟게 된 것이다.

안석제 씀

11. 스승님이 걸어오신 길

고되고 험한 길을 가리지 않고 언제나 삼천만 겨레의 인도자가 되어 우리를 이끌어주신 고투苦鬪 이극로 스승님의 걸어오신 반 세기의 발자취를 밝혀 나라를 위하여 힘쓰는 젊은이들에게 도움이 되면 다행으로 생각하는 바이다.

나라 잃은 민족은 울음만이 자유였고 나중에는 짐승보다도 더 모진 압제 아래에서 울기조차 어려웠던 환경에서 끝까지 싸워 단 한 번의 굽힘도 숙임도 없이 이 겨레의 길을 지켜온 스승님의 길은 그 자체로 싸움의 길이요, 피비린내 어리는 가시덤불의 길이었다.

흔히 사람들은 고투 이박사를 말할 때 그야말로 장님의 코끼리 만지는 격으로 한 쪽만을 보고 속단하는 일이 많다. 더구나 이극로 스승이라면 그만 조선어학회를 생각하고 또는 조선어학회라 하면 으레 이극로 스승을 생각하며 스승님은 한글학자이시다라고만 알기 쉽다.

또한 우스운 것은 스승님이 경제학박사임에도 불구하고 전공과 전혀 다른 어학을 하시니 무슨 까닭인지 모르겠다고 하는 분이 많다. 심지어는 글만 가지고 사느냐? 정신만 튼튼하면 이기느냐? 하고 반문하면서 혹시 스승님은 한갓 어학자요 또는 문약文弱에 흐르는 초라한 선비인가 하고 걱정하는 이도 많았다. 이런 사람들을 위해서도 이 글을 쓰는 바이다.

구한말 을사조약이 맺어지고 뒤이어 경술합병이 되자 스승은 손에 들었던 호미자루를 던지고 어린 두 주먹을 차돌처럼 불끈 쥐고 멀리 하늘 저 쪽을 노려보고 구슬 같은 눈물방울로 발등을 적시었다.

그 때부터 그 손에는, 그 가슴에는 이 겨레의 목숨이, 이 민족의 역사가, 이 나라의 희망이 가득 차 있었다. 그리하여 모든 어려움을 무릅쓰고 고향을 등진 스승은 산길과 물길을 두려워하지 않고 한 번 품은 큰 뜻은 더욱 굳어가고 커갈 뿐이었다.

백두산 기슭에서, 서간도 벌판에서, 중국에서, 시베리아에서, 독일에서 온갖 괴로움을 다 겪으시고 갖은 애를 다 태우면서 경제학을 오로지 수학했음은 벌써 남다른 뜻과 생각이 있었던 것이다. 그 동안에 영국, 프랑스, 아메리카, 하와이로 돌아다니면서도 머리 속에는 늘 왜적의 발밑에서 짓밟히고 있는 삼천만 동포의 생각뿐이었다.

세계 각처에 흩어져 있는 약소민족들을 찾아보고 그 실정과 투쟁의 경과를 익히며 또한 여러 선배 동지와도 만나서 이역만리의 외롭고 낯선 하늘 아래에서 피를 끓이며 조국의 광복을 도모하고 이에 대해 의논하였다.

해외생활 20년 드디어 1929년 정월에 민족적 사명을 스스로 지시고 일본의 눈초리가 날카로운 요코하마 부두에 내려서 슬픔 어린 조국 조선으로 귀국하셨다. 조선인으로서는 처음으로 독일의 영예로운 경제학박사 학위를 받고 누가 보아도 금의환향錦衣還鄕의 길이건만 사실은 가슴 깊이 조국재건의 경륜을 품으시고 손에는 비수를 들고 싸움터에 들어온 것이었다.

일본하의 종노릇 열몇 해에 우리 겨레는 어찌 되었나. 거리마다 날뛰는 주구走狗무리의 환롱幻弄이었으니 우리의 참다운 동포의 현실 그리고 왜적의 말발굽 밑에서 우리 강산은 어이 되었나? 불타는 조국애를 품고 여러 달 동안 우리 동포가 살고 있는 이 강산 방방곡곡을 샅샅이 자세히 살피시었다.

그리하여 우리 조국을 살리는 길은 무엇보다도 민족의식으로 독립정신을 앙양시킴이 급한 일이라고 믿게 되었다. 정치적으로 눌리는 것보다도 문화적으로 굴복당하는 것이 더 무섭다는 것을 근래에 만주족이 한족에게 굴복된 꼴을 보아도 잘 아는 바이다.

먼저 말(言)을 찾자. 말은 민족의 단위를 결정하는 가장 큰 요소이다. 말의 단위가 곧 민족의 단위라고 볼 수 있으니 조선말이 곧 조선겨레라 하여도 지나친 바 아니다.

그 때 서울에는 조선어연구회가 있었다. 스승은 그 회원들과 만났다. 그리고 조선어의 교육자들과도 가까이 사귀며 만났다.

쓰러져가고 시들고 없어져가는 조선말, 헝클어지고 찢어져 갈라지고 흩어져가는 조선말은 혼란의 극도에 다다랐다.

정치적으로나 경제적으로나 문화적으로나 우리말의 통일·정리·보급은 이 겨레를 살리는 가장 가까운 길이라 깨닫고 앞으로 싸우고 나아갈 길을 똑똑히 찾았다. 정치경제학을 닦으신 스승으로서는 이 길을 찾은 것은 그러한 깊은 뜻이 담겨 있었다.

스승은 곧 그 연구회의 회원으로 가입했고 1930년 10월에는 조선어사전편찬회 위원장으로 뽑히었으며 10월에는 회장이 되시어 힘과 뜻을 오직 그 길에 쏟았다. 그 해 9월이다. 아직도 우리 뇌리에 기억도 새로운 만주의 길돈(길주·돈화) 사건에는 조선 각종 단체

연맹의 총대표로 파견되시어 많은 활동을 하였다. 그리고 스승은 늘 다음과 같이 생각했다. 마음만 가지고는 일이 안 된다. 글만 가지고도 안 된다. 마음에 몸이 따라야 하고 글에 힘이 따라야만 된다. 몸과 마음, 문文과 무武가 가장 잘 어울려야만 비로소 그 사람은, 그 겨레는 발전할 수 있다는 것을 부르짖고 또 그 방면에 힘을 아끼지 않았다. 1933년 1월에는 조선연무관研武館 이사로, 또한 1937년 9월에는 조선씨름협회의 회장으로 취임하시고 다시 그 해 1월에는 조선과학지식보급회 이사로서 많은 활약을 하셨다. 다시 1942년에 대종교 경의원의 참사로서 종교를 통하여 민족지도에 힘을 기울이셨으니 대종교의 '한얼 노래'는 거의 모두 스승께서 작사하신 것이다. 스승은 한갓 세속적인 선비물림의 학자가 아니다. 민족혼의 불덩어리요, 불사조였다. 첫머리에 말한 바와 같이 그저 한 사람의 학자쯤으로 알면 잘못이다.

1942년 10월 꿈에도 잊지 못할 홍원洪原 사건, 곧 조선어학회 사건! 태평양전쟁의 불아궁이에 들어간 일본군은 마지막으로 발악했다. 아무리 표면상 합법적이지만 조선어학회를 그냥 둘 리가 없었다. 어떻게 보면 그 때까지 남겨둔 것도 기적이라 할 것이다.

전술한 함흥지방법원의 판결문을 읽으면 무엇보다도 그 사정과

어학회의 정체와 스승의 바른 모습을 조금이라도 알게 될 것이며 그 옥중생활 4년 동안 어떠한 괴로움을 겪으셨는지는 《한글》 속간 1호에 김윤경 스승님께서 쓰신 '어학회 수난기'를 읽으신 분은 누구나 크게 놀랄 것이다. 더욱이 보통사람보다 두세 배로 건강하신 스승께서 일곱 번이나 기절했다니 말로만 듣던 왜적경찰의 악독한 고문이 얼마나 혹독하였던가를 짐작할 수 있다.

그러나 자연의 법칙은 압제자에게 철퇴를 내렸다. 1945년 8월 15일 일제의 무조건 항복의 전파가 온 세계에 전해지자 가려 있던 태양은 이 겨레의 머리 위에, 이 강산 구석구석에 눈이 부시도록 비쳤다. 죄악과 강압의 어둠에 싸였던 1945년 8월 17일 드디어 옥문을 나오신 스승은 네 해 동안의 감옥살이에 약해지고 병들 대로 병든 몸이 몇 동지의 부축을 받아 겨우겨우 집으로 돌아오시면서도 두 눈에는 불이 일고 뼈만 남은 가슴에는 고동이 한결 높았으며 꼬챙이 같은 팔다리는 새로운 정열에 떨리기까지 하였다.

거리마다 만세소리가 높고 하늘마다 태극기가 물결치는 해방 직후에 스승은 병상에 누워서 잘 거동하지 못하면서도 벌써 모든 경륜을 가다듬기에 여념이 없었다. 무엇보다도 정치에 굶주렸던 이 땅의 지도자들은 다투어 정당을 만들고 단체를 만들어 한동안 집집마다 간판이 붙다시피 되었다.

일찍이 스승과 사귀던 사람들은 날마다 누워 계신 스승을 찾아와서 정당창립을 권하고 졸랐다. 회장이 되어달라, 당수가 되어달라 하는 사람들이 줄지어 찾아왔다. 그러나 스승은 깊이 생각하셨다. 이미 만들어진 정당이 무려 수십을 넘고 창설된 단체가 수백을 넘는다. 이에 다시 또 무슨 정당이 필요하랴? 삼천만 겨레가 모두 정당을 만든다면 그로부터 통치받을 인민은 누구이며 그 정당들의 진정한 활동을 도울 사람은 누구냐? 이렇게 생각하신 스승은 드디어 "우리는 때와 방법을 가려야 한다. 지금 우리에게는 아무런 정치활동의 무대도 주어지지 않았다. 그리고 정치활동에 앞서 아직도 민족혁명이 덜 되었다. 독립혁명이 아득하다. 그러니 만일 이 때에 우리가 혁명정당을 꾸민다면 내 비록 무디나 기꺼이 앞에 나서서 목숨을 걸고 조국을 위해 싸워나가겠다. 그렇지 못한다면 차라리 때를 기다리는 것이 낫겠다"고 하셨다.

이에, 스승은 그 동안 짓밟혔던 조선어학회의 재건에 힘쓰시고 한편으로 전국정치운동자 후원회를 만드시어 병중에 계시면서 그 위원장을 맡아보시었다.

그리하여 선비의 길을 국민의 지도이념을 삼아 자강의 정신을 수양하며 정치 · 경제를 학문적으로 연구하며 건전한 국민의 인격을 이루기를 꾀하였다. 그래서 회원이 들어앉으면 사도士道를 닦는 도사가 되고, 나가면 정치 · 경제활동의 투사가 되는 동지의 모임이 되었다. 스승이 생각하신 바 조선민족의 지도이념으로서의 사도라는 것은;

1. 감천지성심(感天至誠心)
2. 연성전능력(硏成專能力)
3. 공영대공덕(共榮大公德)

이 세 가지였다.

그리고 조선 정경학회政經學會를 만드시어 위원장으로 계시며 이 땅의 여러 정당 사이에 분열이 노골화하자 스승은 이를 통탄하시며 분열을 막기 위해 일어나 애쓰셨다. 그러는 사이에 38선은 차츰 굳어져가고 남북으로 갈라진 우리 동포는 다시금 좌우로 나누어져 흡사 조선말기의 사색당쟁四色黨爭을 재현하였고 도탄에 빠져 허덕이는 인민들은 방향을 잡지 못하매 뜻 있는 지도자는 피눈물을 흘리며 정열을 기울여 통일작업에 힘쓰지 않을 수 없었다.

스승은 우리 민족의 어려운 난국을 어떻게 바로잡을 수 있을까 하여 침식을 잊고 애쓰셨다.

1946년 2월이었다. 민족 지도자들은 완전히 좌우 두 계열로 갈라졌다.

그 때에 우익 쪽에서는 '비상국민회의'를 열고 좌익에서는 '민주주의민족전선회의'를 열었다. 스승은 이 때 두 갈래의 통일을 제안하여 힘쓴다는 한 가지 조건으로 조선어학회를 대표하여 두 모임에 나가서 극력 노력하였으나 뜻을 이루지 못하자 결국 다음과 같은 성명을 발표하고 학문연구로 방향을 돌렸다.

조선어학회 성명

본회는 비상국민회의로부터 초청장을 받고 참석한 것은 좌우익의 합작으로 통일국가의 건설에 힘을 같이하는 데 있었다. 본회의 대표 이극로는 해방 후에 제일 먼저 정치통일 사업에 다각적으로 운동해오는 중, 이 회의에 출석하였고 또 대회석상에서 좌측에 교섭하는 위원의 한 사람이 되어서 성의와 노력을 다해왔다. 그러던 중에 또 민주주의민족전선 결성대회의 초청장을 받고서 여기에 참석한 것은 최후의 성의를 다하여 조국건설에 천추千秋의 한이 없도록 힘쓴 것인데 그 때의 모든 정세는 결국 통일의 목적을 달하지 못하였다. 그래서 본회 대표 이극로는 민족분열에 대한 책임을 감당하지 못하겠으므로 비상국무회의와 민주주의민족전선 결성대회를 탈퇴하기로 결정한다.

1946년 2월 15일

조선어학회 대표 이극로

이리하여 비상국민회의에서 맡은 교육부 위원과 민주주의민족전선에서 뽑힌 의장직을 물러나고 말았다. 일선에 서서 정치공작을 하시기에 지금 때가 아님을 깨달으신 스승은 이 성명으로 세간의 의혹을 풀고 학문연구에 힘쓰셨다. 그리고 군정청 학무국의 위촉으로 교육심의회의 초등교육부 위원장에 임명되어 국민교육의 의무제도 실시를 위하여 보수적이고 미적지근한 반대파와 싸워가며 끝내 선생의 주장을 관철하여 이 번 9월부터 참으로 역사적인 국민학교 의무교육제도 실시를 보게 되었으니 스승의 커다란 뜻이야말로 우리 겨레의 역사에 길이 빛날 것이다.

한편 국민체육장 기성회 회장과 조선국위國衛협회 위원장이 되시어 늘 동포의 육체적 건강에 뜻을 두시고 또한 조선인류학회 위원장, 에스페란토학부위원장으로 계시면서 언제나 우리 민족의 지적 분야의 향상에 힘쓰셨다.

그리고 지금 국제정세와 국내의 제반정세를 보고 들어 살피신 후 마지막 판단의 결과로, 스승은 해방 직후 물심양면으로 조선건국의 투사를 후원하던 전국정치운동자후원회를 해소하고 동포를 살리는 길은 오직 건민健民운동에 있다 하여 새로 조직한 것이 곧 건민회健民會였다.

민족의 심신心身이 건강해야만 그 민족의 질이 높아지며, 그 민족의 질이 높아야만 비로소 독립도 되는 것이요, 남이고 북이고, 우익이건 좌익이건 모든 인민이 먼저 진정한 조선인이 되고 건강한 인민이 된다면 문제는 해결된다는 것이다.

고루高樓 거각巨閣을 지어도 재목이 있어야 한다. 좋은 재목 없이는 아무 것도 안 된다. 훌륭한 조선사람이 있어야 한다. 바른 재목을 길러내야 하므로 조림造林하는 모임으로 건민회를 만들었고 그 위원장이 되어 모든 힘을 민족연성研成, 국가건설에 힘쓰시고 계신다.

강한 나라는 강한 국민을 가졌고 강한 국민은 건전한 정신수양과 건강한 국민 신체단련을 한다. 건민운동은 기본적인 국민운동이다. 정치는 그 국민 전체의 화복禍福에 직접 관계되므로 국정에 대하여 국민 개개인은 자기의 가정일보다 더 관심을 갖고 정당인과 관리들의 일거일동을 감시할 권리와 의무가 있다. 이것을 잘 지키는 것이 국민의 도리이다. 건민회는 정당과 같이 정권을 잡으려고 날뛰는 말단적인 행동을 취하지 않는다. 건민회는 하나의 체육단체나 혹은 하나의 정신수양 단체는 아니다. 민생운동을 중심으로 한 정치 · 경제 · 문화 전반을 통하여 조선국민의 국가생활의 중추를 세우려는 커다란 국민도장이며, 그 강령은 다음과 같다.

1. 우리는 민족의식을 앙양하여 완전 자주독립국의 건설을 도모함.
1. 우리는 민주주의 원칙에서 정계의 동향을 비판 건의하여 충실한 국민의 도道를 지킴.
1. 우리는 민족문화의 향상을 꾀하여 세계문화의 발전에 공헌함.
1. 우리는 생존권 확보의 경제균등 제도를 솔선하여 실천함.
1. 우리는 동지들의 총역량을 민중계몽 운동에 집중함.

이것으로써 고투 이극로 스승님의 걸어오신 자취라고 하기에는 너무도 모자라고 비뚤어진 것이 많으나 행여나 사슴에 비유하여 뿔의 한 가지나마 나타낼 수 있다면, 스승을 가까이 모시고 자주 가르침을 받은 몸으로서 이 글을 쓰게 된 것을 영광으로 생각한다.

해방 둘째해 동짓달 보름

유 열 삼가 씀

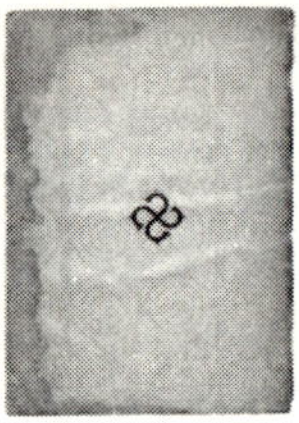

고투 40년

2008년 4월 25일 초판 1쇄 발행
2013년 2월 10일 초판 2쇄 발행

지은이 이 극 로
펴낸이 윤 형 두
펴낸데 종합출판 범우(주)
등 록 2004. 1. 6. 제 406-2004-000012호
주 소 (413-756)경기도 파주시 문발동 출판단지 525-2
전 화 031-955-6900~4, 팩스 031-955-6905
홈페이지 http://www.bumwoosa.co.kr
E-mail bumwoosa@chol.com

ISBN 89-91167-91-9 03000

* 값은 뒤표지에 있습니다.

이 도서의 국립중앙도서관 출판시 도서목록(CIP)은
e-CIP홈페이지(http://www.nl.go.kr/cip.php)에서 이용하실 수 있습니다.
(CIP제어번호 : CIP2008001151)